Edición Especial para:

IBERONET, S.A.

BJORN SECHER

LA CLAVE DEL EXITO
En la vida profesional, en los negocios
POR EL DOMINIO DE LA MENTE

TEMAS DE SUPERACION PERSONAL

Título del original inglés:
YOUR APPOINTMENT WITH SUCCESS

Traducción de:
VICENTE BORDOY

ISBN: 84-7166-829-7
Depósito legal: M. 23.201-1991

PRINTED IN SPAIN IMPRESO EN ESPAÑA

Gráficas Rogar. Pol. Ind. Cobo Calleja. FUENLABRADA (Madrid)

INDICE

INTRODUCCION

Este libro puede hacer rico a cualquiera que lo lea, y si el que lee estas páginas es rico, hacerle más rico aún. Puede rendir fácilmente un dividendo de 1.000 por 100 sobre su inversión.

Todo el mundo, no importa cuál haya sido su experiencia, educación y profesión pasadas, obtendrá, gracias a este libro, poderosos pensamientos y objetivos nuevos. La forma candente que tiene el autor de tratar los problemas que se suscitan al intentar el éxito le hará sentir inmediatamente una oleada de energía, esperanza y vitalidad nuevas.

Si desea sinceramente un mañana más productivo y con más éxitos, si desea una mayor paz mental, lea este libro y descubrirá que, en un corto espacio de tiempo, puede hacer que el futuro le otorgue cuanto desea.

1

SU MENTE DE UN MILLON DE DOLARES EN ACCION

USTED ES LO MAS IMPORTANTE

¿Desea disfrutar más de la vida? Desde luego que sí. Todo el mundo lo quiere. La vida es una empresa individual; un proyecto que debe desarrollar por sí mismo. El ingrediente más importante de su éxito es su propia persona. Su bienestar y progreso provienen de sus herramientas mentales y de su capacidad para utilizarlas adecuadamente. La creatividad o poder destructivo de sus pensamientos es ilimitada. «Los pensamientos que prevalecen en usted aparecerán en su mundo tangible como una realidad.» Se materializan en su equivalente psíquico. Todo pensamiento de su mente, positivo o negativo, precisa un resultado. La realidad es así de simple. Pasar del fracaso al éxito es tan sencillo como apartar la atención del primero y fijarla en el segundo. Deje de pensar en lo que desea y llene sus pensamientos con lo que verdaderamente desea.

LA BARRA DE HIERRO

Suponga que posee una sencilla barra de hierro cuyo valor es de 10 dólares aproximadamente. Si la convierte en herraduras, su valor se duplicará; si fabrica con ella cuchillos, ollas, cacerolas, etc., su valor rondará los 350 dólares; convertida en alfileres y agujas, el valor pasará a ser de unos 4.000 dólares, y si se fabrican fornituras de relojería valdrá 300.000 dólares. Piense en usted como la materia prima que tiene que trabajar. Lo que haga de este material determina su valor. Usted tiene dentro de sí incontables facultades que no utiliza nunca. La mente es como un trozo de madera que sólo necesita la chispa apropiada para inflamarse. Todos tenemos el potencial latente de una mina de oro sin explotar y, como en el caso de la mina, este potencial no vale para nada si no es desarrollado. Para utilizarlo, primero debemos darnos cuenta de que está ahí. Descubra lo que tiene y no le defraudará. Desafortunadamente, la mayoría de la gente ha terminado aceptando su trabajo como un mal necesario y su exiguo nivel de felicidad y realizaciones como el estado normal de las cosas. Cuando caen en las garras de la enfermedad de la melancolía, sus espíritus no se hunden de lo alto a lo bajo, sino de lo bajo a lo inferior.

EXITO O FRACASO

La gran mayoría de la gente se encuentra llena de temores —imaginarios en su mayor parte— y de preocupaciones y ansiedades sin sentido. Las personas se obsesionan imaginando sus propias limitaciones. Se aferran a su ambiente familiar, por muy oscuro que sea, aun cuando este ambiente engendre pobreza, enfermedad y desesperación. De este modo se resignan a un destino similar. Para estas personas el éxito es sólo una palabra; nunca experimentan la sensación que produce. Es lamentable que en nuestro mundo moderno y avanzado la mayor parte de las personas desconozcan totalmente que nosotros mismos somos la causa principal de las circunstancias adversas y poco placenteras en que nos encontramos; que basta con cambiar la dirección de nuestra actitud mental desde abajo hacia arriba para que todo lo que nos rodea descienda a su justo lugar. Las personas buscan en el mundo exterior el éxito y la felicidad; pero buscan en vano. Si supieran, como usted sabrá, cómo mirar *hacia dentro* de uno mismo, podrían eliminar, uno tras otro, pensamientos negativos como la duda, la preocupación, la ansiedad, el temor y la desesperación, y sustituirlos por pensamientos positivos: confianza, seguridad en sí mismo y previsión productiva; harían que su atención se desviase de pensamientos destructivos de fracaso y se centrase en pensamientos constructivos de éxito. El principio universal de acción y reacción está funcionando constantemente, prescindiendo del hecho de que nos demos o no cuenta de él. Rompa este principio —esta fuerza invisible— y sufrirá las consecuencias; aprenda a trabajar con él y sus oportunidades serán virtualmente ilimitadas.

No existen sino dos poderes a los que puede pertenecer: lo positivo y lo negativo. Su estructura mental automática se convierte en su actitud. No se puede actuar ni hablar sin pensar previamente. El pensamiento es la clave para el éxito; no hay nada que no sea capaz de hacer si pone en funcionamiento su mente.

EL ANCIANO HEBREO

Un anciano hebreo dijo en una ocasión: «El mayor pecado del hombre es errar el blanco.» En estas pocas palabras ponía de manifiesto su profundo conocimiento del ilimitado potencial humano. Sabemos que hay muchos arqueros, pero muy pocos alcanzan el blanco: simplemente porque no dominan sus mentes. Sólo se puede obtener de la vida lo que se ponga en ella, lo que se envíe por delante. Usted camina por la carretera que sus pensamientos han pavimentado.

PIENSE Y ACTUE A LO GRANDE

Un ejecutivo importante de una de las mayores empresas petrolíferas de América tiene una educación formal muy reducida. Si le preguntara cuál es el factor individual que más ha contribuido a su excepcional éxito, contestaría sin vacilar: «Piense y actúe a lo grande, y el éxito no tendrá más remedio que llegar.» Después de muchos años en la cúspide, aún se dice a sí mismo regularmente que debe PENSAR Y ACTUAR A LO GRANDE.

Debe darse cuenta de que *tiene* que pensar a lo grande para prosperar, que *debe* desatarse de los grilletes degradantes y represivos del mezquino pensamiento negativo. Positivo y negativo son como la luz y la oscuridad; no pueden darse conjuntamente en la misma persona y al mismo tiempo.

HAGA LA ELECCION

Las leyes que regulan la prosperidad se hallan siempre en vigor. Con todo, cuatro de cada cinco individuos dilapidan su vida en una lucha porfiada y vana por acomodar estas leyes a su modo de vida, en lugar de gastar algo de energía y esfuerzo en adaptarse ellos mismo y su forma de trabajar a las leyes. Son como la historia del pequeño Joe, que marchaba a la ciudad con otros diez mil *scouts,* todos los cuales marcaban el paso excepto él. Cuando pasó a la altura del lugar en que su madre les observaba, ésta le apuntó con el dedo y le dijo a la persona que estaba a su lado: «Allí está mi pequeño Joe. ¡Y mire —añadió con excitación—, todos llevan cambiado el paso excepto él!»

Siempre me sorprendo al ver la gran cantidad de personas que, por otra parte, son inteligentes y que están tan preocupadas con el fracaso que no pueden tomar algo de tiempo de sus ocupaciones para aprender a triunfar, o incluso a diferenciar el éxito y el fracaso. El éxito está siempre ahí. Si a usted le parece que se halla desesperadamente lejos, es debido a que no conoce el camino adecuado. Usted tiene rienda suelta sobre su mente; haga inventario de sí mismo y descubra lo que se interpone entre usted y el éxito. ¿Cuáles son sus pensamientos dominantes? ¿Qué le proporcionarán? ¿Exito y felicidad en su trabajo y en su vida o frustración y fracaso?

Usted es el capitán. ¿Hacia dónde se dirige? ¿Va por el camino del éxito o del fracaso? En sus manos está la posibilidad de ganar o perder.

LA CIENCIA Y LA MENTE

¿Qué es lo que los científicos conocen acerca de esa intrincada y fabulosa mente que usted posee? Por supuesto, en los últimos diez años hemos asistido a grandes avances en este campo; pero aun así, la comprensión se halla aún en una etapa embrionaria. De la misma forma que aunque no podemos explicar por qué una pelota de goma rebota, sabemos que lo hace, la ciencia, que sólo tiene una imagen fragmentaria de las ilimitadas capacidades de la mente humana, puede decirnos cómo conseguir ventajas de las posibilidades que encierra la mente. Y es de esto de lo que tratamos aquí. No existe un espacio exterior que tenga la clave de su destino, sino un espacio interior: el espacio que se encuentra entre sus oídos.

SU MENTE

Nos halagamos a nosotros mismos diciendo que utilizamos del 8 al 10 por 100 de la capacidad de nuestras mentes; pero esta cifra es una exageración. Pues realmente apenas estamos arañando la superficie de su capacidad. Igual que la bomba que cayó en Hiroshima sólo emitió la milésima parte de la energía potencial que encierra el átomo, nosotros utilizamos la milésima parte, —y tal vez menos— de las habilidades creativas que duermen sin ser descubiertas en nuestro cerebro.

La mente es la propiedad más valiosa del hombre. Físicamente no es gran cosa: simplemente substancia grisácea que se extiende a lo largo de unos 18 centímetros desde la frente hasta la parte posterior del cuello. Pesa algo más de un kilogramo y contiene de 14 a 17 miles de millones de células nerviosas. Pero dentro de esta modesta materia se halla encerrado un vasto almacén de creatividad potencial, el poder y grandeza sin realizar que habita en todo ser humano.

Si los científicos quisieran copiar su cerebro necesitarían una superficie del tamaño de un campo de fútbol. Sobre este área tendrían que construir un computador de 18 pisos de altura, y mantenerlo en funcionamiento requeriría la energía de 3.000 millones de vatios.

Para mayor claridad, dividiremos las funciones cerebrales en tres tipos. En primer lugar podemos citar la mente consciente, con su capacidad inteligente para comprender y razonar; en segundo, y estrechamente ligado al anterior, está el subconsciente, que ejerce control sobre todo el sistema impulsivo y automático. La energía que permite el funcionamiento del consciente y del subconsciente está producida por el superconsciente o inteligencia universal. Como un diamante brillando al sol, cada una de estas grandes divisiones de las funciones cerebrales tiene muchas facetas que reflejan sus propios rayos de potencial ilimitado.

LA ANALOGIA DE SCHOPENHAUER

El consciente y el subconsciente, sin embargo, no están completos separadamente, sino que necesitan el uno del otro. Esta interdependencia está bien ilustrada con la analogía de Shopenhauer de un «ciego fuerte y activo que puede ''caminar''», que representa al subconsciente, y que «lleva a sus espaldas a un hombre cojo y débil que puede ''verse''», que representa al consciente, y «cada uno de ellos se encuentra desvalido sin el otro».

LA MENTE CONSCIENTE

Detengámonos aquí por un momento para reconocer que el éxito no necesita explicaciones y que el fracaso no tiene excusa, y que cuando comprendemos la fuente del éxito las cosas van sobre ruedas. Teniendo esto en cuenta, y recordando además las sabias palabras de Salomón, «Cuando obtengas todo eso, tendrás el entendimiento», examinemos la mente consciente como paso número uno para descubrir por qué las cosas se desenvuelven para nosotros de la forma que lo hacen.

El consciente es la parte de la mente con la que estamos más familiarizados; es ahí donde se *piensa* y se *razona.* Usted utiliza su mente consciente para planificar y decidir sobre cualesquiera creencias, ideas, consejos y opiniones que llaman su atención. En esta parte está también asentada la *pequeña memoria,* que en raros casos tiene una capacidad de almacenamiento de más de 48 horas, estando restringida generalmente a un plazo máximo de 24.

EL GUARDIAN DE LA MENTE SUBCONSCIENTE

Estoy seguro de que todo esto le resultará familiar, pero lo que debemos comprender totalmente es que la función más importante de la mente consciente es mantenerse como un portero, como un vigilante del subconsciente. *El medio más importante de comunicarse e influir sobre esta mente interior —este poder ilimitado— es la mente consciente.* Aunque no recuerde nada del resto, recuerde esta frase. Pronto podrá comprobar que darse cuenta de esto es de vital importancia para su felicidad, bienestar y, más concretamente, para su éxito financiero.

LA MENTE SUBCONSCIENTE

En primer lugar, examinaremos someramente las funciones de esta parte de la mente y nos concentraremos después en las cualidades que más nos conciernen en el presente contexto. La mente subconsciente tiene a su cargo todos los órganos y glándulas vitales y todas las funciones involuntarias o automáticas mediante las cuales el cuerpo se mantiene. Se encarga de manejar la maquinaria humana y comprueba su correcto funcionamiento. Si nuestra rótula necesita proteínas, el subconsciente envía una orden al hígado, que contesta enviando proteínas hacia la zona deficitaria; si nos rompemos un codo, el subconsciente activa instantáneamente a los soldados de la salud física para que reparen el daño. Los cien millones de células de nuestra piel se comportan como un termostato bajo su directa jurisdicción. También supervisa el proceso de nutrición y digestión. Comprueba que el músculo cardiaco no deje de bombear, al tiempo que se cuida del crecimiento de todos los cabellos de la cabeza. Estos, y miles de procesos más, se hallan a cargo de la mente subconsciente. Ningún dispositivo electrónico moderno puede compararse con su capacidad y exactitud: recibe más de diez mil impresiones por segundo, respondiendo a ellas inmediatamente, y cada una se cumple con la precisión y perfección de un robot, a menos que se interrumpa y sea influenciada por la mente consciente. En las páginas siguientes aclararemos esta influencia.

Nuestra mente consciente duerme cuando nosotros dormimos, y deja de funcionar; *el subconsciente no duerme nunca; siempre está trabajando.*

La información que llega al subconsciente es de gran valor para nosotros, pero lo que es más importante en este contexto: el subconsciente es el verdadero asentamiento de la memoria duradera y, como tal, actúa como una esponja, absorbiendo todas las experiencias buenas y malas, todos los pensamientos positivos y negativos. En él se almacena hasta la más ligera sensación, el olor o el tacto más insignificante. Sin una inducción especial, sin embargo, y con nuestros limitados conocimientos actuales, sólo somos capaces de recordar el 10 por 100 de lo almacenado en nuestra memoria en un momento dado.

Es aquí donde se forman los hábitos positivos, beneficiosos y constructivos, al igual que los perjudiciales y negativos.

¿Es esto importante? Cuando usted se dé cuenta de que sus hábitos diarios, que constituyen la segunda naturaleza del hombre, son los que se interponen entre usted y el éxito, se convertirá en algo de vital importancia. Durante toda su vida, usted ha ido formando y estableciendo sus hábitos; pero ahora son ellos los que le forman a usted. Su estructura de hábitos es la causa directa de que posea un determinado nivel de logros y satisfacciones. Le proporciona lo que se ha dado en llamar telepatía, sexto sentido o intuición. Si fuera objeto de entrenamiento y desarrollo hasta todo su potencial, esta cualidad podría guiarle mucho más allá que su propio intelecto.

¿Cree usted en esto, o no? Le aseguro que todo gran vendedor ha desarrollado hasta cierto grado esta cualidad y se ha beneficiado de ella. Todos hemos oído hablar del momento psicológico adecuado para obtener la firma de un contrato. Quizá no exista nada concreto que lo indique, pero el vendedor lo siente. Se humedece mentalmente el dedo para comprobar en qué dirección sopla el viento. Obtiene una sensación sobre la perspectiva que se le presenta. Su mente se sintoniza para recibir la reacción mental del otro, y ello le indica cómo planificar su siguiente movimiento y cuándo cerrar la negociación.

Sí, esta parte del cerebro actúa como una emisora de radio mental; tiene la habilidad literal de recibir y emitir a través de las ondas. Al igual que las palabras y los sonidos pasan a través de los demás, nuestros pensamientos tienen vibraciones poderosas, penetrantes, que otras mentes son capaces de recibir, cada una de ellas con su propia emisora incorporada capaz de recibir y emitir. De esta manera, a veces sentimos cosas que no podemos ver. No me extenderé más en esto, pero quiero dejar claro que los pensamientos tienen algo substancial. Por ejemplo, tal vez le haya dicho alguna vez a su compañero: «¿Por qué no vamos al cine esta noche?» Y posiblemente habrá recibido la siguiente respuesta: «Es curioso que lo hayas dicho. Yo estaba pensando lo mismo.» Es posible reconocer este funcionamiento de la mente cuando caminamos por una habitación llena de gente —la sala de espera de un médico, por ejemplo, o una reunión social— y sentimos instantáneamente la atmósfera existente. Podemos estar incluso con los ojos vendados, pero la mente recoge en seguida esas vibraciones especiales, positivas o negativas, que son los pensamientos de las personas que se encuentra en la sala. La atmósfera está siempre cargada de vibraciones que le bombardean y afectan constantemente de acuerdo con sus cualidades. Esto está ligado también a la influencia ambiental, aspecto sobre el cual volveremos más adelante.

SU COMPUTADOR

Además de esta lista, ya extensa, de funciones, la mente subconsciente es literalmente un computador. Dado un problema a resolver o un trabajo a desempeñar, comienza a trabajar inmediatamente sobre éste; y con bastante frecuencia arroja una solución sobre la pantalla de la mente consciente. Esto le habrá sucedido más de una vez: se va a la cama con un problema y a la mañana siguiente, o en algún momento del día, la respuesta se le aparece espontáneamente.

Un problema muy común es un nombre que se ha olvidado. A veces estamos en el aseo, lavándonos los dientes, y de repente pasa por nuestra mente consciente una especie de destello. Todos hemos tenido experiencias similares alguna vez. ¿Por qué no pudo resolver el problema el día anterior en la oficina, cuando estaba concentrado realmente sobre él? Simplemente porque no permitía que saliera; usted le pedía una respuesta inmediata a su limitada mente consciente, lo que causaba un desorden y bloqueaba el canal; la presionaba para conseguir una respuesta mientras la mantenía ocupada con miles de pensamientos que la distraían. Pero cuando les dio salida a los otros pensamientos, concedió por fin a su mente subconsciente la posibilidad de que pasara a través de la mente consciente.

Aunque nos esforcemos mucho, muchas veces no conseguimos encontrar una solución. No insista en que su mente consciente haga el trabajo que realmente pertenece al subconsciente; déle una oportunidad a esta parte de la mente. *Plantee el problema, asígnele todos los hechos y cifras y después déjelo en libertad, déjelo ir.* Cultívelo. No se quede satisfecho con una inspiración ocasional. Confíe en él y ponga este maravilloso computador de su propiedad a trabajar. Tiene en su cabeza el mejor computador jamás construido. Todo lo que tiene que hacer es aceptar este hecho. Crea en él, aliméntelo con datos y limítese a recibir las respuestas. Deje la pantalla de la mente consciente libre y limpia para que pueda recibir las proyecciones. Para conseguir mejores resultados, busque tiempo para estar solo, tal vez por la mañana antes de levantarse: éste es el momento que mejor resultado me da a mí. Cuanto más controle sus pensamientos, domándolos en lugar de dejarlos fluir aleatoriamente, tanto más podrá acallar a su mente consciente para que el subconsciente tenga posibilidades de surgir, proporcionándole ideas y soluciones.

LA SIESTA DE EDISON

Tomemos el ejemplo de Thomas Edison. Se decía que nunca dormía realmente como el resto de la gente porque se le encontraba constantemente haciendo siestas. Pero siempre que se «despertaba» de una de ellas, tenía una nueva idea o solución a sus problemas. Todos sus inventos provenían de esto: conocía y respetaba el poder del subconsciente; cultivaba esta parte de su mente; comprendía la importancia de controlar y despejar su mente consciente para conserguir mejores resultados.

No me entienda mal. No estoy diciendo que su inteligencia, la capacidad de razonamiento y discriminación de su mente consciente, sea completamente incapaz de resolver problemas y proporcionar ideas. La mayor parte de las personas nunca conocerán o comprenderán otra forma, y por ello se hallan insatisfechas y viven a un nivel muy por debajo de su capacidad. Con ello *estoy* diciendo que ésta es, con mucho, la forma inferior. Su mente consciente está limitada a este respecto, mientras que la subconsciente no. Conózcase a sí mismo y estará de acuerdo con esto.

> Calculas el costo y el valor de todo.
> ¡Qué lástima! Nunca sabrás tu propio valor.
>
> *Un sabio musulmán.*

DA VINCI, FRANKLIN, Y OTROS EJEMPLOS

Leonardo da Vinci fue otro hombre que supo aprovechar de manera excepcional las capacidades del subconsciente. Hacía notar a menudo que conseguía mucho más cuando dejaba libre a su mente, despejando el campo de lo consciente. Cuando se le censuraba por estar dormido en su trabajo, contestaba que él pagaría el doble por las horas que «dormía», ya que era en este momento cuando le venían a la mente sus composiciones, colores e ideas. Todas sus grandes aportaciones surgieron así.

Un ejemplo magnífico del poder y capacidad del subconsciente lo ilustra Sir Walter Scott, que, en tres días, dictó su inmortal obra *La novia de Lammermoor.* Cuando más tarde mostró su trabajo terminado, no recordaba, ni siquiera reconocía, su contenido.

Otro buen ejemplo es el autor contemporáneo Rex Stout, decano de los escritores de novelas policiacas: ha asegurado que su héroe, Nero Wolfe, simplemente apareció. «No sé nada acerca de él y hace lo que le place.»

Benjamin Franklin es otro personaje que creyó en el subconsciente y lo utilizó. Se entrenó a sí mismo para caer en un sueño ligero, dejando en blanco la pantalla de la mente consciente y abierto el canal a través del cual recibir sus incontables ideas.

Por último, Robert G. Le Tourneau, que revolucionó los equipos gigantescos de movimiento de tierras desarrollando un volante eléctrico y el *bulldozer,* además de ser el primero en utilizar neumáticos de caucho en las máquinas de movimiento de tierras, era un hombre con una educación formal muy limitada. No obstante, descubrió cómo aprovecharse de las ventajas de su subconsciente y convertirse en un gigante entre el resto de los hombres. A menudo su «computador» resolvía problemas que ni sus mejores ingenieros podían resolver, y de los cuales no poseía conocimientos conscientes.

Se podría escribir todo un libro con ejemplos parecidos. El artista Grant Wood, exclama: «Todas las ideas realmente buenas que he tenido han surgido mientras ordeñaba a una vaca.»

Desde luego, es bastante frecuente que muchas personas hoy —y lo mismo puede ocurrirle a usted— tengan grandes inspiraciones y consigan soluciones a problemas de esta forma tan simple, a veces de tal naturaleza que la mente consciente no puede comprenderlas. De hecho, no existe nadie que no sea capaz de convertirse en inventor. Todos tenemos ese poder, ese germen de la creatividad oculto dentro de nuestro cerebro, dispuesto a salir libremente y a ser utilizado. Cultive esta parte de su subconsciente, póngala a trabajar, proporciónele conscientemente el material constructivo adecuado, crea en ella y fortificará su capacidad creativa. No le defraudará.

Haga una prueba de diez minutos por las mañanas. Desconecte el mundo exterior, sin tensión ni inquietud: le prometo que las ideas que obtendrá serán maravillosas, un combustible estimulante para su trabajo y para su vida personal.

INTERDEPENDENCIA

Podrá observar que los poderes del subconsciente tienen muchas facetas. Es importante que recuerde que el conocimiento y aceptación de una verdad resulta vital para su éxito y prosperidad: *el subconsciente es el poder que está detrás de la mente consciente.*

De acuerdo con las descripción de Schopenhauer de la interdependencia entre la mente consciente y la subconsciente, utilizar algo de imaginación para representar la mente consciente como el capitán de un barco, siendo la mente subconsciente la máquina, el centro de energía. Su mente consciente está al timón, decidiendo hacia dónde dirigirse: hacia delante, hacia atrás, o simplemente a la deriva y en peligro de dar vueltas o estrellarse contra las rocas cercanas. En ella se organiza la ruta y se proyectan planes para la siguiente ruta, pero el subconsciente es la energía, la fuerza que subyace tras sus decisiones. Esta mente interior le transmite sus órdenes. Sólo obedece. No tiene otra posibilidad; ésa es su naturaleza. Dependiendo de sus pensamientos dominantes, que se convierten en órdenes para su subconsciente, usted progresará o retrocederá.

SERVIDOR Y AMO

En estos ejemplos habrá podido observar que la mente subconsciente es un magnífico y poderoso sirviente; pero, como el fuego, puede llegar a convertirse también en un amo peligroso, porque esta intrincada mente *no puede, con toda su capacidad, razonar, y no sabe pensar;* no es capaz de decidir ni cambiar ninguna acción. Como la electricidad, no es en sí misma positiva ni negativa; simplemente existe. No discrimina, sino que acepta sin preguntas lo que le diga la mente consciente, reaccionando inmediatamente ante cualquier impresión que reciba y convirtiéndola en una parte permanente de usted, produciendo su equivalente físico. Los resultados dependen de la precisión con que reciba la imagen y, desde luego, de su grado de deseo de que esa imagen se materialice, expresado por los sentimientos, *emociones* y *entusiasmo* que le asigne.

Finalmente, la fuerza enorme de la *repetición,* no como si fuera un loro, sino con énfasis emocional, desempeña un papel importante en la mente subconsciente. Cuando usted da a alguien una orden que se recibe con entusiasmo y expectación, puede tener la razonable certeza de que se cumplirá, en breve plazo. Si usted permanece con esta persona, repitiendo sus órdenes con coraje, esperanza y una actitud mental animosa, es de esperar que se produzcan resultados rápidos. Por otra parte, si le dice a alguien que haga una cosa determinada sin especificar demasiado y sin poner fuerza emocional en ello, tal vez obtenga resultados, pero sólo en el caso de que se repita con frecuencia la orden, y las posibilidades de que se cumpla con retraso e insatisfactoriamente son muchas.

Esto mismo ocurre en el caso de la mente subconsciente: es necesario motivarla. La emoción que subyace tras el pensamiento, positiva o negativa, es la que crea la «imagen» ante la cual actúa el subconsciente.

EL «GENIO»

Utilice de nuevo algo de imaginación y compare su mente interior con un genio, siempre dispuesto con el poder y el deseo a llevar a cabo cuanto le pida. Esta poderosa energía no conoce limitaciones. Sólo usted, a través de su razonamiento y pensamiento limitado, puede imponer restricciones. *Es un gran poder ilimitado.*

Yo llamo a este sirviente invisible, a mi genio, «Cy». Napoleón Hill, autor de *Piense y hágase rico,* le llama «Normhill», una combinación de su nombre y el de su esposa.

«NORMHILL» EN ACCION

En las montañas de Carolina del Sur, donde éramos vecinos, el doctor Hill me contaba cómo su Normhill había sido puesto a prueba y nunca había fallado. Una de sus narraciones favoritas se refería a cómo su Normhill podía encontrarle un aparcamiento en cualquier momento. Cuando le oí esta historia por primera vez, reí pensando que era una buena narración. Pero yo tengo un gran respeto por el doctor Hill y, puesto que insistió en que era verdad, decidí probar mi «Cy». De esto hace varios años, y hoy en día no sé qué hubiera hecho sin el conocimiento consciente de mi «genio». Estoy tan seguro de mí mismo que a veces, antes de una charla, cuando sé que aparcar será difícil, he desafiado a mi«Cy» diciéndole al organizador de la charla que estaría aparcado junto a la entrada. Nueve veces de cada diez, «Cy» acude en mi auxilio.

¿Qué es lo que estamos intentando establecer? ¿Cómo encontrar una plaza de aparcamiento? Tal y como está la situación en la mayoría de las ciudades actualmente, no sería una mala idea; pero lo que intento señalar en realidad es que usted puede aumentar mucho sus ingresos simplemente enviando a su «Cy», a su «Normhill», o a cualquier nombre que escoja, a convocar estas vibraciones, esta Actitud Mental Positiva, esta substancia del pensamiento, por delante suyo en todas sus empresas y actividades diarias. Sin aplicar mucho la psicología o la ciencia, debe admitir que si funciona en algo simple como encontrar una plaza de aparcamiento, las posibilidades se intensifican en situaciones en que hay personas implicadas. Para su próxima cita de negocios, puede crear también la atmósfera apropiada para conseguir un resultado satisfactorio incluso antes de llegar. Su actitud llegará antes que usted.

Nuestras conferencias ponen de manifiesto este tremendo poder de la mente, y no sólo incontables personas aumentaron sus ingresos, e incluso los doblaron como resultado directo, sino que tanto solteros como divorciados encontraron una nueva felicidad en el matrimonio. Las mejoras se han materializado y, en todos los casos, el genio ha lanzado su «hechizo».

«CY» EN ACCION

Estaba intentando vender mi casa de la montaña en Greenville, Carolina del Sur. Tengo algunos amigos que se dedican al negocio inmobiliario, y tengo gran confianza en los agentes de la propiedad inmobiliaria; pero en esta ocasión decidí poner mi «Cy» a trabajar antes de llamarles. Como recordatorio continuo para el subconsciente, hice un dibujo de la casa, añadí un par de personas al mismo y puse mi pequeño y tosco dibujo en la pared del cuarto de baño. Debajo del dibujo escribí: «Nada es imposible para una mente voluntariosa. Esta casa debe venderse dentro de una semana.» Después puse un anuncio en el periódico. Era un año malo para vender inmuebles; otros vecinos de la zona tenían dificultades incluso para atraer a personas para que vieran su propiedad. En las dos semanas siguientes, más de sesenta y cinco interesados visitaron mi casa. De hecho, estaba continuamente corriendo hacia el cuarto de baño para quitar el dibujo de la pared, pues no quería que las visitas conocieran el secreto de mi invisible ayudante.

«Cy» no acudió a tiempo, se permitió una semana de trabajo antes de atraer al comprador capaz de pagar el precio que pedíamos. En defensa de este tiempo que estuvo «dormido», me gustaría añadir que un amigo mío —en ese momento un vecino— no había vendido aún su *bungalow* un año y medio más tarde, y el precio era bastante razonable también.

«CY» SE VA AL EXTRANJERO

Otro ejemplo de la capacidad de «Cy» surgió cuando yo trabajaba en el negocio de la importación. Tuve una fuerte disputa con un fabricante de Dinamarca, y nuestro contrato establecía que cualquier desacuerdo se solucionaría en los Estados Unidos o en Copenhague, dependiendo del deseo del fabricante. Esto significaba que hubiera tenido que desplazarme a Dinamarca, donde probablemente una simple técnica de aplazamiento me habría causado graves perjuicios económicos. Rompí mi asociación con la empresa y el asunto fue archivado.

No obstante, una mañana, meses más tarde de la decisión anterior, me vino otra vez a la mente el asunto, y con una nueva inspiración tuve una buena charla con «Cy». Actuando una vez más según la premisa de que nada es imposible para una mente voluntariosa, me senté y escribí una carta. «Cy», junto a mí, fue quien escribió realmente aquella carta de dos páginas. La dobló, la metió en el sobre, la cerró, puso el sello, la llevó a la oficina de correos. Fue él quien la introdujo en el buzón; y mientras volaba por encima del océano, mi «Cy» estaba allí transportándola. Cuando llegó finalmente al despacho presidencial en Copenhague, no fue el presidente quien la abrió, sino mi «Cy». El presidente no leyó la carta solo. «Cy» estaba allí influyendo sobre él, y fue «Cy» quien le ayudó a tomar la decisión de enviarme inmediatamente un telegrama comunicándome que había vuelto a abrir el caso y que me enviarían un cheque a mi dirección. ¡Y ese cheque importaba tres veces y media más de lo que yo —mi intelecto razonable, consciente— hubiera establecido.

COMO AYUDA «CY» A OTRAS PERSONAS

Robert Mullen, actualmente gerente de una empresa automovilística de la zona oeste de Palm Beach, había tenido su casa en venta durante más de nueve meses cuando descubrió a su «Cy» gracias a nuestro programa. Diez días más tarde había vendido su casa. En ese mismo período de tiempo, puso a su «Cy» a trabajar en una demanda de seguros que había estado paralizada durante muchos meses. En menos de dos semanas, una vez renovadas las negociaciones, y sólo a unos días de vender su casa, recibió un cheque que saldaba totalmente el asunto con la compañía de seguros.

ELAINE WHITTLE

Así mismo, Elaine Whittle, de Hollywood (Florida), estudiante de nuestras conferencias, había decidido vender su casa. Todos le decían que era un mal momento, ya que había muchas casas en venta en la misma zona y ninguna se vendía. Pero Elaine Whittle no pensaba igual, ya que se había dado cuenta de que no estaba sola y, confiando en su ayudante, llamó a un agente inmobiliario. Vino, echó una ojeada a la casa y le puso el letrero de «Se vende». Elaine tiene una fuerte personalidad y sabe cómo mantener a su «genio» en funcionamiento con énfasis y esperanza, hasta el punto de que no había transcurrido una hora desde que el agente regresó a su oficina cuando el teléfono sonaba. Una pareja pasaba por allí y vio el letrero en la propiedad de Elaine Whittle. Esa misma tarde su casa había sido vendida. La señora Whittle conocía y confiaba en las vibraciones poderosas, positivas, de su «Cy». Sonría si quiere, pero no dude ni por un momento que usted puede experimentar resultados similares.

FRANK SUTTON

Recientemente, he dirigido un seminario de dos horas de duración en una compañía de seguros. No se trataba de un grupo numeroso; creo que en total había treinta agentes, pero durante los cuatro días siguientes consiguieron la firma de pólizas por valor de más de un millón de dólares como consecuencia precisamente de esa sesión.

Un agente en particular, Frank Sutton, constituye un buen ejemplo. Una semana antes del seminario, después de trabajar durante mucho tiempo en una póliza de vida de 100.000 dólares, había recibido una negativa. Después de la sesión del viernes por la tarde, Frank se convirtió en un hombre distinto, con un nuevo conocimiento y una nueva opinión de sí mismo, y decidió que aún podía conseguir esa póliza. Con esta nueva estructura mental, fue a ver al posible cliente, y quince minutos más tarde se marchaba con la póliza firmada en el bolsillo y un cheque correspondiente a la prima del primer año.

En este seminario utilicé muy poco a mi valioso ayudante «Cy». Pero, a sabiendas o sin saberlo, Frank Sutton, usted y yo enviamos siempre a nuestro «Cy» por delante. Como habrá podido deducir. «Cy» está fuertemente conectado a su actitud. ¿Por qué Frank Sutton recibió una negativa y una semana más tarde, consiguió su objetivo bajo circunstancias más adversas al tener que comenzar la venta con el mismo cliente?

Frank sabe ahora, por experiencia, que no basta con concretar una cita. Estar allí no es suficiente; hay que montar también el escenario adecuado y preparar el modo más apropiado de llevar a cabo una cita. Y es ahí donde «Cy» entra en acción.

CATHY BAUBY

Cathy Bauby, actriz muy conocida en Estados Unidos, me dijo que nunca se pone en el escenario sin haber hablado con su «Cy», nombre que también ella da a su «genio», por lo menos cinco minutos antes de que se abra el telón; y los que han tenido la fortuna de asistir a sus representaciones saben que su «Cy» nunca le ha abandonado.

En todas las etapas de su vida ha vencido las situaciones difíciles gracias a su invisible ayudante. Para mencionar un ejemplo común de la vida diaria, me decía que había visitado recientemente la casa de su madre, que se quejaba de haber perdido el formulario del impuesto sobre la renta, relleno y dispuesto para ser enviado por correo. Había registrado la casa de arriba abajo y no podía encontrarlo. Cathy propuso simplemente el problema a su «genio», y cinco minutos más tarde encontraba el formulario.

Estos constituyen sólo unos pocos ejemplos típicos. Descubra este poder dentro de sí mismo. Familiarícese con él, confíe en él, déle un nombre. Haga un ensayo positivo y los resultados serán una prueba tangible. Mi agente inmobiliario de Florida llama a su genio «Sam», y afirma con alegría que «Sam» está haciendo grandes cosas para él. Basándose en sus gratificantes experiencias personales, aconseja: «Envíelo por delante suyo a cualquier lugar que vaya: una reunión importante, el cierre de una negociación, un acto social o un encuentro amistoso.»

Alimente los grandes poderes de su «Cy», ese formidable vibrador mental creativo. Asegúrese de que se mantiene positivo y que trabaja para usted, y le descubrirá oportunidades que ni siquiera había pensado. Hará que su vida merezca más la pena.

USTED PUEDE SER RICO

Ciertamente, el hombre está bendito. ¡Piense simplemente en las inmensas posibilidades que se alojan dentro de usted desde el nacimiento! Está en su mano ser rico, muy pudiente en todos los aspectos de la vida, lejos de la existencia temerosa, poco tranquila e insatisfactoria del 99 por 100 de la población mundial. La ignorancia de uno mismo y la falta de confianza en la propia capacidad son responsables, en gran medida, de la miseria humana y de las circunstancias insatisfactorias en que a menudo nos encontramos. Reconozcamos humildemente que pese a nuestra ignorancia, la verdad es la verdad. Esto no es una fantasía ni una conjetura. Los investigadores de la mente humana confirmarán esta afirmación, y existen cientos de casos que prueban esta validez.

Por consiguiente, llegue a un conocimiento consciente del poder colosal del subconsciente; haga que su genio salga de su escondite, haga un uso constructivo de él en su vida diaria, encamínelo en la dirección apropiada, y le prometo —o mejor le garantizo— un mañana más feliz y próspero.

2

LAS COSAS SEMEJANTES SE ATRAEN

UN LECHO DE ROSAS

Volvamos hacia atrás y tratemos de nuevo esa porción de la mente subconsciente que actúa como el poder que está detrás de la menre consciente. Usted conoce ya la importancia de hacer que la mente consciente cree las imágenes adecuadas para el subconsciente, que actúa según lo que recibe, sin discriminación y sin pensar en nada más. Esta mente interior no sabe razonar ni tiene la facultad de originar pensamientos independentes. Y no puede cambiar su dirección independientemente. Sólo suministra el *poder que subyace* tras el pensamiento —bueno o malo—. No reconoce la diferencia entre miseria y felicidad, fracaso y éxito, pobreza y riqueza. tan indiferentes le son un céntimo como cinco millones de dólares. La persistencia en una determinada formación de pensamiento —beneficiosa o perjudicial— se convierte gradualmente en un hábito y pasa a formar parte de los rasgos de la personalidad. Y este pensamiento dominante estará directamente relacionado con las circunstancias exteriores.

Usted programa su subconsciente permitiendo que habite determinado pensamiento en su mente. Sea consciente en todo momento de que no tiene elección: dirija los equivalentes físicos de sus pensamientos intangibles. Esta es una verdad poderosa y merece una contemplación constructiva. Dése cuenta de que, con su conocimiento o sin él, su subconsciente reaccionará ante *cualquier* pauta de pensamiento que su mente mantenga, y que no puede sino manifestarse como un resultado físico. Todo pensamiento provoca una acción y precisa un resultado. Todo lo que piense o haga deja una impresión definida que provocará una acción. Su poderoso sirviente, la mente subconsciente, no hace preguntas; y como estas impresiones se acumulan, deciden su presente y fabrican o echan a perder su futuro.

Su mente, con su libre voluntad y su capacidad de razonamiento, hace que usted sea la más elevada de todas las criaturas y que, como tal, tiene derecho a escoger su propio destino. Nada puede existir en su universo hasta que es creado por la mente. Sus pensamientos están controlados por una ley; todo pensamiento lleva consigo su propia vibración.

Todo progreso, todo éxito, aparece a partir del pensamiento. El pensamiento, recuérdelo, es la clave del éxito. Usted está dotado de la capacidad de escoger y dirigir su propio camino —su vida presente, su futuro— para conseguir la mayor ventaja posible. La cuestión, simple pero importante, es: ¿controla usted su mente o permite que en esa mente habiten el fracaso, los temores y las limitaciones, las preocupaciones y dudas, la autocompasión, la envidia o la venganza? Cualquier cosa que atraiga su atención le atrae a usted. De la misma forma que no puede evitar pisar su propia sombra, tampoco puede escapar del dañino efecto de su propia estructura mental negativa. Sea consciente de ello: tome sus precauciones, controle sus pensamientos, y esté seguro de que se cuidarán de usted. En otras palabras, si desea descansar en un lecho de rosas, debe esforzarse por cultivar rosas. Lo único que tiene que hacer es dirigir su atención de lo negativo a lo positivo.

EL «BOOMERANG»

Recuerde siempre, y contemple con respeto, la ley universal de la atracción: *«Las cosas semejantes se atraen.»* Funciona constantemente. Esta ley está controlada por la ley de las vibraciones. Incluso una piedra, a la que se llama objeto inanimado, tiene sus vibraciones. Todo movimiento suyo —cada pensamiento, cada acción, cada palabra— tiene sus propias vibraciones peculiares.

Puede parecer que sus acciones son las que tienen las vibraciones más fuertes, pero las vibraciones más fuertes de todas son las de sus *pensamientos*. Como un *boomerang,* salen, describen un círculo y abrazan al objeto de su afinidad. Con una exactitud que nunca falla regresan, a aquel que los envió. Sólo pueden atraer a aquello que sea del mismo tipo y únicamente pueden volver con vibraciones del mismo calibre.

Solemos preocuparnos de la comida que ingerimos, del valor que tiene para nuestro bienestar físico; pero deberíamos preocuparnos aún más por nuestros procesos mentales y por los platos psicológicos que servimos diariamente a nuestro subcosciente. *Recuerde que esta parte de la mente no conoce limitaciones; sólo puede limitarla si limita su pensamiento.*

LOS PENSAMIENTOS ACERCA DEL EXITO ATRAEN EL EXITO

Todos hemos oído alguna vez que el éxito atrae al éxito y que el fracaso atrae al fracaso. Corrijamos estas afirmaciones para leer que *pensar en el éxito atrae el éxito* y que el *temor* al fracaso y los *pensamientos* de pobreza y autocompasión atraen el fracaso, la pobreza y la miseria. Si se siente deprimido y gruesos nubarrones se apoderan de su ánimo, su estado mental tenderá a atraer más desesperación, más temores y preocupaciones. Debido principalmente a su propia actitud, «las desgracias nunca bienen solas». Su subconsciente no pregunta. *Sólo obedece.* Le acompaña en todo momento y no le importa si duerme sobre un colchón lleno de billetes de veinte dólares y tiene un saco de oro en el armario, o su nombre sólo lo pueden deletrear correctamente los acreedores. Las imágenes ante las cuales reacciona se forman a partir de las impresiones que nuestros pensamientos y emociones le proporcionan, ejerciendo una atracción automática de acuerdo con éstas. Sin la actitud y perspectiva adecuadas, es seguro que no conseguirá el éxito. El éxito atrae al éxito porque usted *piensa* en el éxito, *piensa* que los pensamientos pueden funcionar, vibra adecuadamente, proporciona el material apropiado con el cual su subconsciente puede trabajar.

Incluso cuando se encuentre en una situación a la que no vea salida, cuando todo le haya abandonado, o cuando haya gastado hasta el último céntimo, *no piense en el fracaso;* no aliente pensamientos de pobreza; rechace temores y limitaciones impuestas a sí mismo; pues de lo contrario pasaría a formar parte de un círculo vicioso. Deje que su mente subconsciente no trabaje en nada, excepto en aquellas cosas que quiere ver materializadas.

El principio de que «*las cosas semejantes se atraen*» está siempre vigente. Por tanto, tenga siempre en mente la innegable verdad de que usted está lleno de aptitudes ilimitadas. Haga que sus pensamientos se representen imágenes de éxito, felicidad y abundancia. Piense y actúe a lo grande; para progresar *tiene* que hacer proyectos de gran envergadura. Esto no significa que nos desentendamos de la situación, sino más bien no preocuparse. Si la preocupación acabase con todos los problemas, yo le aconsejaría que siguiera preocupándose; pero para lo único que sirve es para poner el poder negativo en funcionamiento, la apatía y la atrofia que nos encadenan a la derrota.

Usted es un dechado de aptitudes. Dicho brevemente, sus procesos mentales pueden conseguirle tanto relaciones humanas como propiedades materiales: amigos apropiados, un negocio próspero, la compañía adecuada para su vida, salud y riqueza.

GEORGE «EL FRACASADO»

No hace mucho tiempo, había un hombre llamado George que tenía juventud e inteligencia y que quería triunfar en la vida aunque, hiciera lo que hiciese, todo le fallaba. No sólo perdía sus puestos de trabajo, sino que hasta las propias empresas en que trabajaba acababan quebrando.

Sin dinero y sin amigos, un buen día se encontró con el señor Hall, que sintió pena por George y decidió ayudarle a acabar con su «suerte». Le ayudó a encontrar un trabajo en una pequeña empresa y le aconsejó que resistiera en ella contra viento y marea. Le dijo que la primera cosa que tenía que hacer por las mañanas, y la última por las noches, era convencerse a sí mismo: «Día a día estoy cada vez más cerca del éxito.»

Mes y medio más tarde, George llamó al señor Hall para pedirle consejo, explicándole que el negocio en que trabajaba iba de mal en peor. El creía sinceramente que era debido a su propia influencia negativa. El señor Hall sonrió y le dijo que siguiera adelante. Tres semanas más tarde, George vio a Hall y, con una triste sonrisa, le dijo: «Ya ve usted, yo estaba en lo cierto.» Había ocurrido. «El negocio fracasó —dijo—, tal y como lo pronostiqué. A cualquier lugar que vaya, mis desafortunadas vibraciones hacen lo mismo.»

El señor Hall le encontró otro empleo que le duró aproximadamente nueve meses, el período más largo que George había conservado un trabajo. También esta empresa quebró, y George se quedó de nuevo sin empleo. Hall le aseguró que juntos encontrarían un trabajo apropiado para él. «De todas maneras —le dijo Hall—, cuando repites la frase "cada día estoy más cerca del éxito", ¿estás seguro de que no piensas en cosas como "todos se dan cuenta de que soy un fracasado y seguiré siendo un fracasado"? George reconoció que tenía pensamientos de ese tipo.

El señor Hall le pidió que se sentara y que prestase atención, explicándole en quince minutos la importancia de una perspectiva mental totalmente positiva, particularmente en el momento en que George estaba repitiendo la frase del éxito. De otra forma el subconsciente sería activado perjudicialmente y traería su normal estado mental negativo. Explicó cómo la mente consciente estaba encargada del subconsciente, y que el subconsciente es sólo el trabajador de la mente consciente. También explicó la razón de la quiebra de las compañías para las que George estuvo trabajando. No fue debido a sus vibraciones de fracaso, sino que constituía simplemente una consecuencia de la ley de atracción: las cosas semejantes se atraen. Como fracasado, George se sentía atraído a otros fracasos. Las compañías estaban destinadas va al fracaso cuando entró a formar parte de su personal.

Ser consciente es conocer, y la aceptación mental de este conocimiento se llama entendimiento. Actuar en consecuencia es sabiduría.

George actuó. Permaneció en su nuevo puesto de trabajo durante cerca de tres años; llegó el día en que el señor Hall le aconsejó que era el momento de comenzar su propio negocio. Pero éste era un paso para el que George no estaba preparado. Sus antiguas dudas le asaltaron de nuevo y pensó en mil y una excusas para no hacerlo. Pero el señor Hall le razonó que el negocio que tenía en mente no precisaba mucho dinero para empezar y le aseguró que estaba preparado.

Después de dos meses de edificar mentalmente su moral y de prepararse, George siguió el consejo del señor Hall e invirtió la mayor parte de sus ahorros en un pequeño negocio de revestimientos herméticos. Una vez seguro, lo convirtió en poco tiempo en una empresa rentable; unos años después consiguió un excedente de capital para realizar una expansión, y se convirtió en el propietario de una concesión gubernamental.

Esta historia es verdadera. Cuando George comenzó a tener éxito tuvo lugar una transformación completa. Ahora, cuanto intentaba resultaba un éxito. El mismo expresaba mejor esta transformación cuando algunos años más tarde reflexionaba: «Ya ves, he triunfado; soy un hombre que ha vencido al más absoluto fracaso. Ahora puedo comprender perfectamente que fracasaba debido a mi falta de entendimiento, a una activación errónea de mi organización mental. Y en todos mis fallos encuentro la solución; noventa y nueve veces sobre cien veo la razón.»

3

CAUSA Y EFECTO

LA SEMILLA Y LA COSECHA

De la misma forma que existe la eternidad ahora y el espacio eternamente infinito, al igual que «las cosas semejantes se atraen», también existe un principio causa-efecto. Esta ley universal es inexorable, justa, despiadada, inflexible. Nadie escapa de ella; no hace excepciones. Usted puede pasar por encima de esta ley con la misma facilidad con que podría sustituir las estrellas del cielo. Toda acción provoca una reacción. Usted tiene que cargar con los resultados de sus acciones, ya sean éstos dulces o amargos. Thomas Carlyle lo resumió de esta forma: «La palabra más inocente que salga de tus labios es una semilla lanzada, que da frutos durante toda la eternidad.»

Todos estamos familiarizados con los efectos; constituyen lo que la mayoría de la gente denomina realidad. Estas personas ven, escuchan y oyen a la gente famosa y observan sus logros como una realidad, y cuando ven casas caras, automóviles de lujo y otros signos externos de opulencia, o cuando oyen que un vendedor obtiene un cheque por su récod de ventas, esto se representa como una realidad y todo el mundo la desea. Pero estos hechos tangibles no son la verdadera realidad: Se trata simplemente de subproductos. La causa, la *substancia* que subyace tras estos efectos —la *realidad verdadera—*, es el pensamiento que se esconde en la mente de cada individuo. El Golden Gate, la luz eléctrica, la conquista del espacio por los astronautas, el rayo láser, todo comenzó con un pensamiento. La idea intangible a partir de la cual se materializa lo tangible está siempre presente. No podemos tener demasiada conciencia de esto.

HAGA QUE LAS COSAS SUCEDAN

No espere a que las cosas ocurran. Hágase cargo de ellas, téngalas bajo control; consiga que sucedan, pero a su conveniencia. Este recurso está siempre dispuesto para ser utilizado, no puedo sino proporcionar beneficios. Es usted quien decide, y el resultado depende de su elección. No existe ninguna persona que no sea capaz de modelar su vida cambiando simplemente lo que este recurso proporciona, desplazando sus pensamientos. Usted tiene libre control sobre su mente y es, por consiguiente, quien crea su propio destino. Cualquier acción, cualquier decisión, cualquier movimiento, cualquier pensamiento, está bajo su propia autoridad. Usted escoge el camino alto o el camino bajo. Usted es responsable y recibe las reacciones de sus acciones.

LAS DOS COPAS

Tenemos dos copas: una está llena de agua y la otra de veneno, y ambas están claramente señaladas. De usted depende beber de una o de otra. El agua, desde luego, es beneficiosa para su bienestar físico; pero está en su derecho de beber el veneno. Esto, desde luego, va tan lejos como vaya su libertad. *Usted* decide. La elección está en sus manos. Pero, después de esto, hay algo que está completamente fuera de su jurisdicción. La reacción se producirá de manera tan segura como el eco en un valle, volviendo a usted con la misma intensidad de su acción.

Como una araña atrapada en su propia red, está encerrado con cadenas de acero —cadenas que usted mismo fabrica—, y no hay escapatoria.

Está claro que la ignorancia del veneno en la copa no le hubiera salvado. Igualmente, no hay seguridad en el desconocimiento de la sutil ley del éxito.

USTED RECOGE LOS FRUTOS

No hay nada que pueda llamarse fracaso en los negocios o en la educación: quien fracasa es la persona. Cuando usted habla del destino y de la suerte, debe entender que el destino no es sino la consecuencia de la ley causa-efecto. Por eso es prudente prestar especial atención a sembrar y cultivar apropiadamente.

Por desgracia, la mayor parte de las personas se consideran a sí mismas como simples criaturas sujetas al azar. Viven al azar, como infelices barcos a la deriva —meros juguetes del teatro de la vida—. ¿Cómo podrían evitar ser unos fracasados, carentes de salud y de prosperidad, amor y éxito?

EL REGISTRO

La ley siempre está funcionando. El sistema de registro de nuestras buenas y malas acciones nunca falla. Nadie escapa. Los platillos de la balanza quizá no estén siempre en equilibrio; con frecuencia «los molinos de los dioses pueden moler despacio, pero muelen extremadamente fino». Se puede engañar al *mundo* durante un instante, pero nunca al registrador.

En este universo, la ley inmutable de causa-efecto mantiene un movimiento de vaivén inexorable, y toda acción, pensamiento o deseo, por sencillos que sean, buenos o malos, tienen un resultado bueno o malo. Cualquier problema con que se enfrente, cualquier situación en que se encuentre, es el efecto de una causa. Para encontrar la causa, debe buscar dentro de sí mismo sus pensamientos más dominantes y persistentes.

UN BILLETE QUE NO ES SOLO DE IDA

Ciertamente, la vida es un proyecto personal. No importa cuánto le gustaría estar en el pellejo de otro, escapar de situaciones creadas por sus pensamientos, o dejar que otros asuman sus responsabilidades; *usted* se ha colocado a sí mismo en estas situaciones imposibles y debe salir de ellas por propia voluntad. Sin embargo, esto no constituye un billete de ida, estrictamente. Su pensamiento lo ha traído, y su pensamiento puede apartarle. Las poderosas herramientas que trabajaron en su contra pueden también aprovecharse en su beneficio.

SU MENTE Y UN JARDIN

Compare su mente con un jardín —dándose cuenta, desde luego, que aquélla es mucho más fértil que el jardín más rico, exuberante y bello. Plantas deseables e indeseables crecerán por igual en abundancia; la diferencia estriba en que las deseables necesitan mayor cuidado y atención. Abandone su jardín, y las malas hierbas se extenderán y en breve plazo lo invadirán todo. Para ellas no es necesario fertilizar, regar o cultivar el suelo. Pero si cuida su jardín, quitando las malas hierbas y sembrando en su lugar semillas de plantas que realmente desea, plantas y flores que le gusten, esta simiente de su elección si la cuida, crecerá y se multiplicará profusamente.

Igual ocurre con su mente: cultive pensamientos y hábitos buenos, productores de felicidad y constructivos; ocúpese de que se nutran adecuadamente; extirpe los pensamientos y emociones incontroladas que se expresen como temores y dudas, cólera, impaciencia, preocupaciones y envidia, celos, autocompasión y ansiedad. No hay que plantarlos o cultivarlos, pues vienen por sí mismos como huéspedes no invitados que se quedan hasta que se les echa. Estos parásitos invisibles se infiltran y consumen sus energías creativas, convirtiéndose en su verdadero obstáculo para conseguir el éxito. Estos asesinos de su talento son asesinos del éxito: no permita que destruyan sus posibilidades de disfrutar de una vida rica y fructífera. Extírpelos uno a uno.

No importa que las ramas y flores de sus hábitos deseables y que las tendencias alegres y felices hayan declinado o tal vez nunca se les diera la oportunidad de brotar: *la semilla y la raíz existen todavía,* aunque puedan estar dormidas; pero con una nutrición apropiada pueden aún ramificarse y florecer, fertilizadas por continuos pensamientos constructivos y sentimientos positivos.

LA MENTE PREDOMINANTEMENTE NEGATIVA

Oscar Wilde expresó la verdad de esta forma: «Debo decirme a mí mismo que yo he sido la causa de mi ruina, y que nadie, grande o pequeño, puede arruinarse salvo por su propia mano.» Cometemos, literalmente hablando, suicidio mental.

La mente es predominantemente negativa, debido simplemente a que hace esfuerzos para ser positiva. Usted debe sentar regularmente las semillas positivas y deseables. La mente es como un reloj que siempre está funcionando y que requiere que le den cuerda constantemente.

¿GUAPO O FEO?

Piense en ello. ¿Qué es lo que le realiza o le destruye? ¿Qué es lo que le hace ser un próspero hombre de negocios? Tengo un amigo, que no ha cumplido aún los cuarenta años, y que se ha convertido en millonario. ¿Qué le hizo millonario? ¿Es alto o bajo, grueso o delgado, guapo o feo? Ninguna de estas características es responsable, ni siquiera de manera remota. De hecho, si dependiera de su buen aspecto, sería pobre. Hay que comprender que, dondequiera que vaya, usted lleva consigo todo lo que tiene, todos sus aspectos buenos y malos, su fuerza y su debilidad: estos rasgos son los que le realizarán o le destruirán.

INVISIBLE Y VISIBLE

El aspecto invisible de la vida del hombre es mucho más poderoso que el visible. Usted es lo que piensa. Su mañana depende de sus pensamientos de hoy. Concéntrese en la siembra, no en la cosecha, pues ésta llegará por sí misma.

Sería bastante presuntuoso por su parte esperar un lecho de rosas cuando ha sembrado espinos y cardos. Despreocúpese del jardín y las malas hierbas le invadirán. Una mente que se deja sola se convierte en negativa. A menos que haya sembrado buenas semillas en el pasado, no podrá esperar una rica cosecha en el presente. Si no siembra buenas semillas ahora —semillas de éxito, semillas de felicidad—, ¿cómo puede esperar disfrutar de los frutos de estas semillas en el futuro?

Un buen pensamiento a ponderar es éste: «De la misma forma que la semilla de un cerezo se convierte en miles de cerezas, cualquier semilla que haga crecer en su jardín se multiplicará en mayor medida.»

Tal como el hombre piensa dentro de su corazón, así es él mismo. Usted se convierte en lo que piensa. No sólo porque Salomón lo dijera. Esto era verdad hace cinco mil años, es verdad hoy, y lo será dentro de cinco mil años. Forma parte de la Ley Universal, y como tal ley no se halla sujeta al tiempo ni al cambio. La ley está siempre presente, inmutable, estableciendo sus propias reglas.

El poema siguiente fue escrito por Jessie B. Rittenhouse, en su obra *The Door of Dreams:*

Luchaba en la vida por conseguir un penique
y la vida no me daba más,
pero rogaba por la noche
al ver mi pobre almacén.

La vida es un patrono justo;
te da lo que le pidas,
pero una vez ajustado el salario
tienes que emprender la tarea.

Trabajé por una paga escasa,
sólo para aprender, consternado,
que todo lo que le pidiera a la vida,
la vida me lo hubiera dado.

Nadie se halla exento de faltas y, como hombres, estamos ciertamente inclinados a cometer errores; pero, para los seres humanos dotados del libre deseo de persistir, continuar viviendo en el error es imperdonable. No resulta lucrativo almacenar malas mercancías. Si no controla sus pensamientos y planifica para el futuro, pronto se encontrará lamentando el presente. Hombre prevenido vale por dos. En los negocios, al igual que en el matrimonio, su paz mental y espiritual es lo que hace que sigan adelante. Conseguimos aquello que lanzamos hacia delante. El *boomerang* siempre vuelve.

HACE TRES AÑOS. ¿DENTRO DE TRES AÑOS?

¿Dónde estaba usted hace tres años, o hace un año, o hace incluso seis meses? ¿Está contento, satisfecho y en paz? Ahora pregúntese dónde estará dentro de tres años, un año, o el mes que viene. ¿Cómo será su mañana? Si continúa pensando, actuando o haciendo en el futuro lo que hizo en el pasado, nada será diferente. *Usted nunca está quieto;* controlándolo o no, progresa o retrocede. Ha formado sus propios hábitos magnéticos que atraerán su equivalente como esponjas de acero. Es usted el único que puede cambiarlos. El nombre del juego es *cambio*. Las posibilidades del hombre residen en su cambio.

LA INFELICIDAD, UN PENSAMIENTO FRECUENTE

Todos deseamos la felicidad; pero un estudio llevado a cabo por nuestra fundación reveló la triste verdad de que la infelicidad prevalece en la especie humana. Sólo encontramos 17 personas en una ciudad de más de 100.000 habitantes de quienes pudiera decirse que eran felices y alegres. La gran mayoría, ignorante o apática por completo, creaba y mantenía dentro de sí sus problemas. Definitivamente, no vivían, sólo existían; sus vidas discurrían en un estado general de desesperación. Vinieron a este mundo llorando, y se irán de él llorando también.

Todos deseamos la felicidad; pero recuerde que un deseo si no está respaldado por la acción, no es más que un sueño vacío.

4

EL MEDIO AMBIENTE

NUESTRA MAYOR INFLUENCIA

Ya sabemos que nuestra mente consciente, con sus poderes de razonamiento y discriminación, es el medio por el cual podemos elegir: nos permite programar la mente subconsciente. Recuerde que la mente consciente custodia la mente interior, con la autoridad y capacidad de filtrar y eliminar cualquier cosa de naturaleza destructiva y negativa. Sin embargo, al igual que un centinela soñoliento es una flaca salvaguardia contra un enemigo que se infiltre, una mente consciente que no esté al tanto y alerta ofrece una protección escasa contra el bombardeo de vibraciones mentales de otras personas. Estas vibraciones —su medio ambiente— evitan sin dificultad el consciente y dejan sus impresiones en el subconsciente. Recuerde que la mente subconsciente no razona y no piensa, pero actúa indiscriminadamente ante cualquier impresión recibida.

La mayoría de la gente no se da cuenta del hecho de que está continuamente cambiando o, más comúnmente, estableciendo más firmemente sus hábitos actuales y rasgos de personalidad a través de impresiones en constante acumulación, como respuesta auténtica a las vibraciones de la compañía en que se encuentran: es un proceso automático. Miles de impresiones se recogen a cada momento y se almacenan, acumulando fuerza según la intensidad y el tiempo de exposición. Se instalan en nuestra mente como sentimientos e influencian mucho nuestros pensamientos habituales.

Es necesario comprender que *si no controlamos nuestra propia mente, estaremos a merced de su medio ambiente.* La única forma de defenderse de estas vibraciones «exteriores», más del 90 por 100 de las cuales son negativas, es convertirse en supervisor de nuestra mente. Debemos estar alerta ante este continuo bombardeo.

Está claro también que hay que ser muy cuidadoso en la elección del medio. Pasado cierto período de tiempo, incluso la mente más voluntariosa se inclina —aunque lentamente— a su medio ambiente. Lo cierto es que hasta la más fuerte tiende a ajustarse al entorno. Su mayor influencia, mayor aún que el poder de la voluntad es su entorno. De manera lenta, pero segura, va encontrando una brecha por la que entrar en su mente subconsciente, venciendo su propia individualidad, para formar nuevos modelos de hábitos mentales. Ataca a la raíz y todo se desmorona. Aunque un trozo de madera que flota en un estanque no se empapa tan rápidamente como una esponja, pronto se rinde ante el poder penetrante del agua.

Por poner un ejemplo extremado, hasta el hombre más virtuoso, si se rodea sólo de gánsteres, vagos, ladrones y pervertidos, cambiará lentamente. Alexander Pope vio esto claramente cuando escribía su *Ensayo sobre el hombre:*

> *el vicio es un monstruo de rostro tan espantoso,*
> *que sólo hace falta verlo, para odiarlo;*
> *pero cuando lo vemos demasiado a menudo*
> *y nos familiarizamos con él,*
> *primero lo soportamos, luego lo compadecemos,*
> *y después lo abrazamos.*

Imagínese a sí mismo y a su medio ambiente en un gran cuenco en el que se mezclan juntos. El cambio del entorno provoca —generalmente a corto plazo— grandes diferencias en todas las personas.

JIM, EL JUGADOR DE TENIS

Tomemos, por ejemplo, el caso de Jim, un amigo mío que antes era un modesto jugador de tenis. Solía jugar con personas de similar habilidad. No satisfecho, un día examinó lo que había conseguido en este deporte. Descontento y comprendiendo que no iba a obtener nada con su juego, decidió iniciar un cambio y jugar con determinados tenistas que controlaban mejor el juego. Jim no jugaba con mayor frecuencia que antes; lo único que hizo fue cambiar de contrincantes. Pasados siete meses, se había convertido en un jugador extraordinario, uno de los mejores de las pistas. Ya no tiene que pedir a los mejores tenistas que sean sus adversarios: ellos se lo piden a él.

Si usted fuera Jim, este proceso simple funcionaría igualmente, inspirándole, enviándole vibraciones. Estas vibraciones le impulsan hasta su nivel; influyen sobre su mente interior que, simplemente, acepta esta nueva actitud y comienza a formar hábitos nuevos y estimulantes. Lo contrario es también cierto. El buen jugador que comienza a jugar regularmente con competidores mediocres irá descendiendo poco a poco a su nivel. Lo principal que tiene que tener en la mente es la calidad, no la cantidad del medio ambiente.

LAS COMPAÑIAS

Hace unos años me encontré este poema:

Una noche a finales de octubre
cuando regresaba a mi casa
sin estar precisamente sobrio,
los pies me empezaron a temblar
hasta que di con mis huesos en el suelo;
un cerdo se tendió a mi lado.
Se oyó decir a una mujer que por allí pasaba:
«los borrachos se distinguen
por la compañía que eligen».
El cerdo se levantó, alejándose lentamente.

Autor desconocido

No es una novedad que se juzge a una persona por las compañías que frecuenta. Lo que sí es digno de hacer notar, sin embargo, es que las personas tienen una fuerte tendencia a ser como las compañías que frecuentan.

EL CONSEJO DEL SABIO

Dése cuenta de la sociedad en que se encuentra: sus vibraciones influyen y hacen presa en usted, cambiando primero su punto de vista, después su disposición y humor y, finalmente, su actitud mental y perspectivas de vida. Lentamente, se enraizan formando los hábitos que se convierten en su «segunda naturaleza». El sabio siempre nos ha alertado para que seamos conscientes de las compañías que frecuentamos. Una buena compañía estimula el bien y una mala compañía fomenta el mal. Dime con quién andas y te diré quién eres. Diariamente, a cada hora, a cada minuto, estamos recibiendo impresiones y siendo influidos y dirigidos por nuestro medio ambiente, el centro de la rueda de nuestro diario vivir.

La próxima vez que se encuentre en compañía de un rostro triste, quejoso, insatisfecho, que revele una mente negativa, observe el efecto que ejerce sobre usted. Analícese a sí mismo —sus sentimientos, entusiasmo, bienestar y actitud mental— antes y después de tener contacto con uno de estos perdedores que se dejan llevar por la corriente. Cuando piense en ello, no tendrá dudas acerca del resultado de tales experiencias. Realmente, no son muy edificantes. Estudie a estas personas desde cierta distancia para aprender de sus errores; compárelos con los suyos de la manera más constructiva posible.

EL LEON Y LA OVEJA

Un día, en lo alto de una jungla montañosa, nació un pequeño cachorro de león. El primer día de su vida cayó por un abrupto risco y se precipitó en el río, siendo arrastrado rápidamente por la corriente hacia la parte baja de la montaña. No había alcanzado aún la ladera cuando en una curva del río tuvo la oportunidad de toparse con un banco de arena y arrastrase fuera del agua.

Él destino quiso que fuera a caer en un valle escondido que nadie había pisado desde hacía tiempo y cuyos únicos habitantes eran un rebaño de ovejas. Nuestro pequeño cachorro de león se acercó afanosamente a las ovejas que, no viendo nada amenazador en esta pequeña cosa amarilla, aceptaron al intruso. De esta forma, vivió entre ellas un mes, cinco meses, siete meses, y, al no conocer otra cosa las imitó desde el principio. Comía como ellas y emitía los mismos sonidos. Actuaba en todo como una oveja más que como un joven y saludable león de más de cien kilos de peso en pleno crecimiento.

Ocurrió que por esta época el viejo león padre, de regreso a sus dominios de la montaña, decidió hacer una pequeña exploración y traspasó el lindero del valle donde pastaban las ovejas. En el segundo día de su exploración descubrió un punto de observación con una magnífica panorámica. Estaba contemplado las cumbres de las montañas y el fondo de los valles cuando de repente sacudió su cabeza como muestra de incredulidad ante lo que vio a lo lejos en el valle. Cerró los ojos, los abrió de nuevo, se los frotó con la pata y sacudió su cabeza otra vez de atrás hacia delante, diciéndose a sí mismo: «No puede ser cierto, un león entre un rebaño de ovejas. Pero lo estoy viendo con mis propios ojos. ¡Tengo que investigar!»

Bajó la montaña y se adentró en el valle, y cuando salía de la maleza al campo abierto comenzó a rugir. Al oír este terrorífico sonido, las ovejas se asustaron. Algunas se desperdigaron por el valle; otras se quedaron tan paralizadas por el miedo que no pudieron ni moverse. Entre estas últimas estaba nuestro cachorro de león, nuestro «héroe» de cien kilos de peso, temblando de la cabeza a los pies. El viejo león padre caminó hacia él y le preguntó: «¿Qué te crees que eres?» «Yo... yo soy una oveja —balbuceó finalmente nuestro héroe— por favor, no me hagas daño.» Imagine la perplejidad del león cuando gruñó en términos que no dejaban lugar a dudas. «¡No eres una oveja. Eres un león!»

A continuación se produjo una corta discusión, pero el viejo animal pronto perdió la paciencia, y ordenó: «A la charca.» Y comenzó a empujar, arrastrar y dar puntapiés una y otra vez al incrédulo cachorro hasta que llegaron al charco. «Ahora —dijo— mírate en el agua —al tiempo que decía esto ponía su pata sobre el cuello de la temerosa oveja vestida de león, empujándole la cabeza hacia el agua—. Y ahora, mírame» —le ordenó. El joven león miró hacia arriba y luego hacia su imagen en el agua, y luego otra vez hacia arriba y hacia abajo, y gritó de repente: «¡Pero si soy un león!» Y una vez adquirida esta nueva conciencia, rugió. Entonces, el rey de los animales que acababa de despertar, descubierta su auténtica naturaleza, se alejó del valle y caminó majestuosamente hacia lo alto de la montaña.

Si su consciencia está despierta puede elegir entre influir en su medio ambiente o que éste influya en usted. ¿Está levantando a las personas hasta su nivel o éstas le están haciendo descender al suyo? Y a los que se mueven en el mundo de los negocios, la pregunta es más inequívoca: «¿Está usted aceptando un ''no'' o influenciando un ''sí''?»

5

SU ACTITUD ES SU ALTURA

SU EXITO: UN PRODUCTO DE SU ACTITUD MENTAL POSITIVA

Está claro que las dimensiones de un obstáculo son en gran medida mentales. La persona neurasténica que se ha dicho a sí misma que no puede levantarse de la cama, no pude hacerlo, ya que ese sencillo movimiento es interpretado por la mente como algo que entraña gran dificultad. Piense en ello: la mayor parte de las personas normales cometen la misma falta en un grado menor. Su energía se consume en parte en realizar su trabajo diario, pero principalmente en superar la resistencia de dificultades imaginarias.

En una gran mayoría, las personas abandonan antes incluso de empezar, o tal vez empiezan a medias y se rinden; no se dan a sí mismas una oportunidad para conseguir el éxito; han perdido antes de empezar debido a la actitud mental que mantienen. En lugar de mostrar determinación y un fuerte deseo de conseguir una meta determinada, se rinden ante el primer obstáculo que les surge en la cabeza, lo cual siembra dudas en la mente subconsciente y sólo puede producir un aura de fracaso: todo lo contrario de lo que andamos buscando. En lugar de confiar y creer en sí mismos y en lo que hacen, expresan con su actitud recelos e incredulidad. Sus meditaciones van dirigidas hacia lo que no pueden hacer en lugar de concentrarse en lo que puede hacerse, y actuando así no toman en consideración el poder de conquista de una actitud mental positiva ante la vida. Se mantienen a sí mismos prisioneros de una actitud mental negativa, verdugo de todo progreso y felicidad. Comprenda esto; sepa que la mayoría de la gente vive a un nivel por debajo de sus posibilidades y que, tal vez al igual que usted, está perdiendo la felicidad que desea.

¿«SUERTE»?

Ciertas personas parecen tener la «suerte» de cara. En los negocios, como en todos los aspectos de la vida, son como el rey Midas, que transformaba en oro cuanto tocaba. El secreto de sus logros se corresponde directamente en su actitud mental positiva: su confianza en que triunfarán. Esto lo expresan con sus acciones. Saben que la suerte tiene sólo una pequeña influencia. Como decía un actor de Hollywood respecto a la suerte de su industrioso hijo: «Sí, es cierto, cuanto más trabaja más «suerte tiene.»

DOS TIPOS DE SEMILLAS

Imagine que cuando vino a este mundo el Creador le dio, además de la vida, un granero con dos tipos de semillas: unas amarillas y otras marrones. Las semillas amarillas representan la prosperidad, la felicidad y el éxito; las marrones, fracaso, miseria, muerte y todo lo negativo que contribuye a una existencia sórdida.

Este granero no es imaginario, es muy real y está lleno a rebosar de montones de ambos tipos de semillas: es el almacén de su destino. Usted es libre de pensar y actuar como le plazca. Puede escoger semillas negativas o positivas, y su elección echará a perder o construirá su futuro.

Tenga presente que antes de conseguir que la paz mental y la confianza en sí mismo predominen en su vida tiene que mantener una actitud mental positiva. Su actitud define literalmente su productividad y pronostica la diferencia entre fracaso y éxito.

EL BUÑUELO DE VIENTO

¿En qué se fija usted, en el buñuelo o en el aire que tiene dentro? Cuando se desinfla, ¿confía en que podrá hacerlo, o comienza a pensar en el fracaso? ¿Empieza la mañana con pensamientos pesimistas o se dice a sí mismo que es un bonito día, el mejor de todos?

UN CASO DE EXITO

El poder de la sugestión funciona a nivel subconsciente, y mediante la repetición tiene unos efectos extraordinarios. Frank Tainter, un agente inmobiliario de Florida, me revelaba: «Siempre me había levantado por la mañana con un humor de perros y comenzaba el día con la sensación de que otro largo día, con sus ocho horas de aburrido trabajo, me estaba esperando sin que nada bueno pudiera preverse. Pero voy a decirte una cosa: hace tres meses, cuando tú me explicaste la importancia de comenzar el día adecuadamente, decidí hacer la prueba. Lo primero que hago ahora es saludar a mi esposa diciéndole que es un bonito día. Ahora me levanto con esta sensación, y poco tiempo después de comenzar miraba ya con ilusión el día que se avecinaba. El otro día por la mañana me encontraba realmente bien preparado para el día y estaba deseando salir de casa. Le dije a mi esposa: «Hoy va a ser un día excepcionalmente bueno. ¿Me creerías si te dijera que cuando fui a abrir la oficina estaba esperando un cliente para pagar al contado cuatro acres de terreno?» Después añadía con entusiasmo: «¿Sabes? Es curioso, pero este nuevo modo positivo de recibir el día ha cambiado mi vida entera: están sucediendo cosas que nunca habían ocurrido y, gracias a tu consejo, dentro de diez días me llevaré a toda la familia a un crucero de tres semanas que ya he pagado al contado».

Era un pequeño detalle, y todo lo que hacía era cambiar su perspectiva mental hacia un estado de la mente que anticipaba positivamente lo que iba a suceder. Ha elevado el nivel de vida de toda su familia desde la mediocridad hasta la abundancia.

Cuando estaba escribiendo este libro, nuestro hombre, que antes se consideraba satisfecho si conseguía pagar la hipoteca y demás deudas a tiempo, acababa de conseguir una transacción por un importe de un millón y medio de dólares, y estaba a punto de obtener otras dos de similares características. Este año va a pagar más impuestos que el importe de sus ingresos de los diez últimos años, y todo gracias a que supo cambiar su tendencia negativa de pensamiento y lograr una positiva. Varió su punto de vista, y esto es lo único que cuenta convertir un día aburrido y cansado en una *oportunidad interesante.*

NO PIENSE EN COMO SE SIENTE

Cambie su enfoque de las cosas de negativo a positivo y podrá observar que su medio ambiente se vuelve diferente y se comporta de distinta manera con usted. Le puedo asegurar que sus resultados y logros diarios estarán a un nivel mucho más alto. Los pensamientos de nuestras mentes se reproducen en nosotros y en nuestras circunstancias. Incluso cuando se encuentre en un estado de ánimo pesimista, intente no pensar en cómo se siente, sino más bien en cómo desea sentirse. Traslade su atención hacia pensamientos más luminosos.

Esto funciona, igualmente, con una enfermedad. Absténgase de pensar en ella siempre que pueda. Una enfermedad orgánica puede acelerarse y aumentar su intensidad diez veces si concentramos nuestra atención en pensamientos aprensivos. Existe un poder inmenso dentro de nosotros y debemos aprender a explotarlo en beneficio propio.

LA MENTE NEGATIVA

Una actitud mental negativa refleja instantáneamente aprensión e insatisfacción, autocompasión, preocupaciones, dudas, infelicidad e indecisión, mal humor, falta de confianza en sí mismo, y otras cualidades por el estilo, y todas son de gran ayuda para las enfermedades físicas y mentales: ¡incluso aceleran la caries de los dientes! A través de las leyes, siempre en funcionamiento, de causa-efecto y de la atracción entre cosas similares, establecen la plataforma apropiada para la depresión y ofrecen una excelente oportunidad de desperdiciar la vida y procurar una muerte prematura.

Es bueno recordar que esta el individuo más desgraciado e insatisfecho no está recibiendo sino su justa recompensa.

DOSCIENTOS AÑOS

Los hombres de ciencia nos dicen que podríamos vivir doscientos años o más si no fuera por nuestros pensamientos destructivos. La mayoría de la gente parece estar más interesada, y pensar con mayor frecuencia, en sus penas que en sus alegrías, y debido a estos pensamientos negativos y destructivos la vida media del hombre discurre en el contexto de una profunda desesperación. «Muere» a los veinte años y se le entierra a los setenta.

Mucho antes comienza a tener arrugas. Su expresión es apagada, impersonal, sin vida. Simplemente va al trabajo. Su mente se vuelve cada vez más lenta y, conforme pasa el tiempo, menos consciente de sus propias capacidades y posibilidades. Se muestra abierto a todo tipo de influencias negativas, no controlando nada. Mira al mundo a través de un cristal de color negro, incapaz de ver que está lleno de posibilidades infinitas. No se da cuenta de que cuando dice «no puedo» a la hora de hacer una cosa determinada, siempre hay alguien —a menudo menos cualificado que él, pero que posee la habilidad *clave*: una mente que confía— que la hará. Las vibraciones de una mente negativa de este tipo no tienen valor constructivo y no pueden proporcionar gozo ni paz de mente a nadie, y menos a sí mismo. No hay que asombrarse de que nadie desee estar junto a una persona así.

DE ESCALADA

Dick y Jim, dos amigos míos, de California, decidieron una noche ir a escalar montañas al día siguiente. Dick se vistió como si fuera a una placentera excursión campestre e insistía que ésta era la indumentaria que prefería para escalar. Jim, en cambio, se puso botas, y su indumentaria era apropiada para la excursión.

La montaña a que habían decidido subir no constituía un gran problema, pero Dick sólo llegó hasta la mitad del camino —y aun así le resultó una experiencia desagradable—. Se encontraba demasiado cansado y dolorido para gozar de la vista. Jim aún estaba lleno de energía, y dejando a Dick a mitad de camino siguió solo y alcanzó fácilmente la cumbre con suficiente energía para gozar del espectacular panorama. Allí pudo ver nuevos horizontes que le llenaron de sastifacción y felicidad. La experiencia le proporcionó un nuevo entusiasmo por la vida y le llenó de la esperanza de que un mañana más agradable se abría ante él.

SU MONTAÑA DE LA PROSPERIDAD

Compare esta corta historia con su vida diaria. ¿Qué tal equipado está para escalar la montaña de la prosperidad, para progresar y conseguir objetivos? Cuando se le desafíe, ¿estará preparado para superar las diversas situaciones y circunstancias diarias en las que se encontrará? Todo paso adelante depende de lo apropiadas que sean sus herramientas mentales. Déle tiempo al tiempo, examínese a sí mismo, y si descubre que sus pensamientos precisan una terapia, el mejor momento para llevarla a cabo es ahora.

Deje que los demás sigan «cociéndose» en su propio pesimismo; deje que carguen con una actitud estéril; deje que se cubran de capas de pensamiento destructivo que cuestan mucho en términos de felicidad, prosperidad, amor, éxito y amistad. *Recuerde que posee muchas capacidades;* le proporcionará dividendos.

EL COMPUTADOR

Si al finalizar el día un computador pudiera repetir los pensamientos que usted ha tenido durante las doce últimas horas, encontraría los fracasos y éxistos que ha experimentado. Si tuviera una visión clara del proceso de su pensamiento y del destino a que le conduce, tendría mucho cuidado en controlarlo. Desgraciadamente, no es capaz de ver la materialización de estos pensamientos intangibles en formas tangibles, pero la transformación está ahí..., y muchas veces puede resultar despiadada, pero también recompensar su exactitud.

LO POSITIVO

Permanezca positivo, piense y actúe a lo grande, y su progreso físico, espiritual y económico será una realidad. Las oportunidades surgirán a su alrededor como mariposas nocturnas rodeando una vela encendida, y el mundo admirará y se beneficiará de un hombre en equilibrio consigo mismo y con su medio ambiente, un hombre feliz, satisfecho, contento y jovial. No gastará ya su energía vital: estará *creando* continuamente energía en abundancia.

Leona Haire, de ciento dieciséis años de edad, de Umatilla, Florida, con el cuerpo y la mente aún activos, atribuye su longevidad exclusivamente a la actitud de su mente. «No me preocupo —dice—, y tengo fe en Dios.» Si usted se encontrara con ella, notaría que prevé felizmente el futuro.

UNA PERSONALIDAD DINAMICA

Es razonable que usted, como cualquier persona normal, desee gozar de las cosas mejores de la vida.

Todos hemos podido observar alguna vez a esas personas que entran en un almacén y atraen inmediatamente la atención sobre ellas; a veces los vendedores dejan incluso a los clientes que atienden para prestarle sus servicios. ¿Por qué? ¿Porque ha llegado en un Mercedes conducido por un chófer, lleva ropas caras, tiene mucho dinero o indica ena buena posibilidad para la venta? No; sin embargo, obtiene inmediatamente atención y servicio. La diferencia de magnetismo entre esta persona y el resto de los clientes no era debida a una mayor o menor cantidad de dinero, sino a una personalidad dinámica; pero consiste en una actitud mental positiva. Tenga pensamientos de altura y convierta en un hábito la contemplación de los aspectos buenos de la vida. *Las cosas semejantes se atraen,* ¿recuerda? Las mentes negativas atraen cosas negativas, pero usted —desde este momento una persona con una mente positiva— atraerá lo positivo.

ENVIDIA, RESENTIMIENTO, HOSTILIDAD, VENGANZA

Enfréntese a la verdad, construya después su edificio mental si ello es preciso. Libérese de la envidia, el resentimiento, la hostilidad y la venganza, pues son ladrones de su tiempo y de sus energías y sólo le conduciran a la falta de armonía y a la destrucción de sí mismo. Estas emociones corrosivas no pueden contribuir al progreso en forma alguna, sólo hacen nacer conflictos interiores y falta de armonía. No cometa el terrible error de odiar a todo aquel que cree merece su odio: usted será el perdedor.

La envidia, el resentimiento, la hostilidad y la venganza le dejan sin energías para amar incluso a aquellos que están cerca de usted y lo merecen. Y, por supuesto, todo el mundo sabe que cuando se tiene un pensamiento afectuoso uno se siente mejor, crece la propia estima y se desarrolla el respeto a uno mismo.

INTENTE IMITAR

No revela mucha iniciativa ni inteligencia limitarse a quejarse y gruñir; cuanto más se queje y gruña peor le irán las cosas. Si descubre que envidia a alguien, no lo haga: sólo engendrará descontento; pero si realmente encuentra a alguien digno de ser envidiado, aprenda de él, estudie e imite su comportamiento. Puesto que el fin es bueno y constructivo, no es ningún crimen copiar.

Los celos matan el amor. Permita que esta emoción inmadura y peligrosa erosione su razón y se convertirá en el verdadero perdedor. No sólo marchitará y deformará su propia alma, sino que actuará como revulsivo del amor que anhela encontrar. ¿Cómo podría nacer el amor de la duda, la desconfianza, la sospecha y multitud de pensamientos similares que indican celos?

KIRPAL SINGH JI

El gran maestro indio, Kirpal Singh Ji, aconseja en su libro, *La rueda de la vida:* «... no pensar en lo perversos que son los demás, ni siquiera de aquellos que te odian y desprecian. Si ellos no abandonan sus formas odiosas, ¿por qué tienes que salir de tu naturaleza amorosa? Si quieres ser feliz, haz que los otros sean felices. Si quieres ser bendecido, bendice a los demás. Aquellos que intentan herir a los demás se hieren a sí mismos. Esta es la gran ley de acción y reacción.»

EL VENDEDOR DE COCHES

Su nivel de éxito depende, en un 75-80 por 100, del espíritu con que presta sus servicios.

Un ejemplo típico de esto es el caso de un vendedor que trabaja para una nueva empresa de venta de automóviles en la ciudad. Durante años había sido un buen productor, vendiendo una media de 60-70 automóviles nuevos al mes. De repente sus ventas descendieron drásticamente, y sólo vendió cuatro coches en tres meses, dos de los cuales fueron devueltos. Tuve la oportunidad de entrevistar a esta persona y supe que aproximadamente tres meses y medio antes la compañía había cambiado su política y que a nuestro hombre no le gustaba el cambio. Al mismo tiempo habían ingresado tres nuevos vendedores en la empresa, y éstos le desagradaban mucho. Evidentemente, encontró en mí a alguien amable y con deseos de escuchar. Durante nuestra conversación puso de manifiesto inconscientemente una razón tras otra que explicaban su retroceso en las ventas.

Desde el día en que se puso en práctica la nueva política de ventas, y el ingreso de los nuevos vendedores, se sintió mal. Había discutido con testarudez sus puntos de vista y sentía que cuantos le rodeaban estaban equivocados. Pronto se concentró en lo que no le gustaba en lugar de en lo que le gustaba, y su trabajo se convirtió en algo pesado. Esta estructura mental negativa cristalizó hasta el punto de caer víctima de una actitud de completa indolencia.

En las dos horas que pasé con él, logró darse cuenta de que nada había cambiado realmente y de que sus pensamientos negativos eran los responsables de su actual situación. ¿Se puede pasar del fracaso al éxito en un instante? Pues bien, este hombre lo consiguió. Para beneficio de todos, ha vendido en los cinco últimos meses más de setenta coches mensuales.

¿Qué es más fuerte en usted: los pensamientos de éxito o los de fracaso? Si su mente alberga normalmente una postura negativa, no es suficiente con tener de cuando en cuando un pensamiento positivo para atraer el éxito, hace falta algo más que unas cuantas gotas para que la llama se mantenga viva. Puede existir, es cierto, pero será una existencia mísera. Su fuego necesita ser avivado regularmente, al igual que su mente. Si usted piensa adecuadamente de manera regular, encontrará el camino aunque en ocasiones parezca estar rodeado de tinieblas.

EL LIMPIAPARABRISAS

Su actitud mental positiva puede compararse al limpiaparabrisas de su coche: Según la lluvia sea ligera o torrencial, haya una tormenta o caiga nieve, ajusta su velocidad para mantener despejada la vista. La vida es como una sucesión de lluvias ligeras y torrenciales: no permita que dificulten su visión. Comprenda que la actitud es altura y que su actitud es algo diario. El credo de la Internacional Optimista expresa esto muy bien:

> Para ser fuerte, no permita que nada perturbe su paz mental.
> Hable de salud, felicidad y prosperidad a todas las personas con las que se encuentre.
> Haga que sus amigos sientan que hay algo dentro de ellos.
> Considere el lado luminoso de las cosas y haga que su optimismo se convierta en realidad.
> Piense sólo en lo mejor, trabaje sólo para el mejor, y espere sólo lo mejor.
> Sea tan entusiasta con el éxito de los demás como con el suyo propio.
> Olvide los errores del pasado y presione sobre los logros mayores del futuro.
> Lleve un semblante alegre en todo momento y obsequie con una sonrisa a toda criatura viviente con la que se encuentre.
> Invierta tanto tiempo en la mejora de sí mismo que no le quede ni un momento para criticar a los demás.
> Siéntase demasiado importante para las preocupaciones, excesivamente noble para la ira o la cólera, demasiado fuerte para el temor, y demasiado feliz para sucumbir ante los problemas.

MARSHALL FOCH

Descubra sus habilidades y tome buena nota de ellas. No se puede ir hacia delante y hacia atrás al mismo tiempo. Una Perspectiva mental habitualmente positiva no permite la presencia de emociones negativas. Aprenda a ser como Marshall Foch, el líder aliado de la Primera Guerra Mundial, que durante la batalla de Marne, exclamó: «El ala derecha se rinde, el ala izquierda tiene una brecha; situación excelente: ¡Atacar!» Sin una sombra de duda, este espíritu inconquistable ganó muchas batallas perdidas.

OPTIMISMO IGUAL A REALISMO

Ahora, si intenta usted defender sus circunstancias actuales y su actitud mental negativa diciéndose a sí mismo que ve las cosas tal y como son, pensando que es realista, se está engañando a sí mismo. A lo largo de todas las épocas, la historia ha demostrado que el optimismo es un auténtico realismo. De hecho, excepto en casos de prominencia debida al nacimiento, la historia no registra a las personas de pensamiento negativo, ya que son los optimistas quienes hacen la historia. Todos los grandes exploradores e inventores son optimistas, todos los grandes líderes militares son optimistas, los signatarios de la Declaración de Independencia de los Estados Unidos eran ciertamente optimistas. Ya que los que piensan que pueden realizarse cosas nuevas, grandes, maravillosas y de valor, son los que las llevan a cabo.

Tenga en cuenta el proverbio chino que dice: «No puedes evitar que las aves de mal agüero vuelen sobre tu cabeza, pero sí que hagan nidos en tus cabellos.» Que el espíritu de la canción «Acentuar lo positivo, eliminar lo negativo...» sea su inspiración y su objetivo.

LA META

Una cosa es fundamental para mantener una perspectiva mental saludable y positiva: tener un objetivo —el punto de arranque de todo éxito—. Si hasta el momento presente no ha tenido un fin, se está dejando llevar por la corriente y no sabe hacia dónde se dirige. La importancia de tener una meta y cómo encontrar la suya será un tema que tratemos en el capítulo siguiente. ¿Sabía usted que el 97 por 100 de la población de los Estados Unidos vive a un nivel por debajo de sus capacidades debido a la falta de una meta en sus vidas? Todos necesitamos el estímulo de una luz que nos guíe. El hombre con una meta definida, el hombre que sabe hacia dónde se dirige, tiene una perspectiva mental positiva y consigue lo que se propone en un 99 por 100 de los casos.

EL TEMOR DESTRUYE TODO

Rodéese de frases poderosas y positivas, como mi favorita: «Un cobarde nunca gana... Un ganador nunca se acobarda.» O como la de Napoleón Hill: «Cualquiera cosa que la mente del hombre pueda concebir y creer, puede conseguirse.» Kirpal Singh Ji nos dice: «Nada es imposible para una mente voluntariosa.» Escríbala y, como un recordatorio regular, téngala ante su vista. Recuerde que tiene que seguir con la frase hasta que la mente se encauce. Tal vez el recordatorio más importante de todos sea en forma de señal con letras grandes: «El temor lo destruye todo.»

La exposición a estas frases y otras similares es un recordatorio bueno, fuerte y constante para su mente consciente y un poderoso alimento para su subconsciente. Estas frases son muy importantes para construir y mantener un yo positivo.

SU HERENCIA

La vida es maravillosa y usted es una parte importante en ella. Un bienestar abundante y toda la felicidad y belleza que hay en el universo es el patrimonio que constituye su herencia. Reclame lo que es suyo, atraiga lo que desea. La respuesta básica a una vida feliz y próspera es una actitud mental positiva. *Su actitud mental positiva define su felicidad y productividad, y su éxito es un subproducto.*

Sea consciente de que nada es imposible para una mente voluntariosa y de que usted está en el lugar que ocupa —una situación de éxito, mediocre, de completo fracaso— en relación directa con la actitud que ha construido.

6

EL PODER DE LA SUGESTION

AUTOSUGESTIONES

Una ayuda muy importante en el camino hacia el éxito es la que proporcionan las sugestiones, la filosofía imaginada en uno mismo, el poder de visualización. Todo pensamiento e idea que provenga de su mente consciente se atrinchera firmemente en el subconsciente mediante la repetición. Se transforma en una realidad, y a partir de ese momento existe como un elemento integrante de su vida. Dígase a sí mismo: «Tengo éxito, tengo salud, soy feliz», o cualesquiera otras sugestiones positivas aplicables a su carácter y temperamento. Repítalo hasta que se convierta en un sentimiento auténtico, hasta que toda la química de su cerebro se halle en sintonía con esta afirmación: eliminará todo lo negativo y le brindará unos maravillosos efectos secundarios. Sea paciente. No fuerce el proceso. A veces es bueno recordar la frase de Piet Hein: «Las cosas llevan su tiempo.» El jardinero no remueve el suelo todas las mañanas para ver si sus semillas brotan: igual debe ser con sus sugestiones. Plante las semillas y, mediante la repetición, proporciónele una nutrición apropiada; puede tener la seguridad de que su fértil mente subconsciente producirá la cosecha deseada. No obstante, para obtener resultados más rápidos no debe dar la impresión de que las mejoras deseadas pertenecen totalmente al futuro. Dígase a sí mismo que siente ya los resultados de sus afirmaciones, *y los sentirá.*

DESARROLLO DE SI MISMO

Las autosugestiones no deben contemplarse exclusivamente como una cura, pues pasaríamos por alto su misión principal. Constituyen principalmente una herramienta del desarrollo y mejora personal, y, como tal, son mucho más poderosas y fuertes de lo que usted podría suponer. Constituyen el arma más importante para formar y fortalecer características mentales constructivas, que le ayudarán a tener éxito en la vida. Tanto usted como yo poseemos talentos ocultos, posibilidades sin desarrollar, ideas, impulsos y revelaciones que no han tenido oportunidad de desarrollarse. Estos rasgos, y muchos más, son una parte permanente de su personalidad, que espera en el subconsciente una nutrición adecuada para crecer. Su subconsciente puede compararse a un bosque en que muchos árboles están atrofiados, limitadas sus posibilidades de crecer por árboles más altos y fuertes cuyas ramas más elevadas consiguen llegar a la luz del sol y cuyas profundas raíces succionan alimentos y agua de la tierra. Mediante la aplicación de la autosugetión, los elementos que necesitan alimento, sus ideas atrofiadas, se nutren y se hacen gigantes influenciando ya permanentemente sobre su bienestar y prosperidad.

YO SOY UN GANADOR

Dígase a sí mismo: «Yo soy un ganador. Puedo conseguirlo. Ya me estoy ocupando de ello.» Repita esto por la mañana temprano, antes de irse a la cama, y *ahora mismo* —no lo olvide, recuerde, ahora—; debe continuar repitiéndolo hasta que desafíe a su mente. Ponga énfasis y entusiasmo en su tono de voz o en su tono interior—. Ponga algo de emoción en sus afirmaciones, repítalas a menudo, y su subconsciente no le defraudará, ya que siempre estará preparado para actuar sobre sus pensamientos e ideas.

Contemple la autosugestión de la misma manera constructiva con que acepta cualquier otra verdad científica. No hay trampa ni cartón, ni se trata de una «fórmula mágica». Cualquier psiquiatra le dirá que es un proceso natural y un instrumento dinámico que puede proporcionarle riqueza y felicidad.

LARRY JORDAN

Hace unos meses, Larry Jordan, de la compañía de seguros Admiral, de Lauderdale, me escribió esta carta:

> Lo que sigue es un relato de cómo conseguí influir sobre el pensamiento y actitud de mi hijo.
>
> Mi hijo (Steve, de nueve años de edad) comenzaba a jugar en una pequeña liga de béisbol. Uno de los entrenadores del equipo contrario gritaba a sus bateadores constantemente que Steve les pasaría.
>
> Esto tuvo bastante efecto sobre Steve, y a la tercera entrada comenzó a tirar tan mal la pelota que tuvo que ser expulsado del terreno de juego.
>
> Le dí a Steve parte de su lección para que la leyera e hice una lista en una hoja de papel conteniendo ciertas instrucciones a seguir:
>
> 1. Todas las mañanas iba a mirarse al espejo y se decía a sí mismo que era el mejor lanzador de pelota de la liga.
> 2. Todas las noches al acostarse tenía que decirse a sí mismo que era un lanzador suficientemente bueno para derrotar a cualquier bateador.
> 3. Cuando lanzaba en el juego, decía para sí: «Voy a derrotar a este holgazán.»
>
> En el siguiente juego, Steve lanzó bien y ganó por 7-0. Este juego hizo que el equipo ganara la segunda parte del campeonato.

CLARK: ERES MARAVILLOSO

Un amigo mío, que ocupa un alto puesto ejecutivo en Miami, me confesaba que ninguna mañana dejaba de mirarse al espejo, diciendo: «Enfréntate a ello, Clark, eres maravilloso.» No lo hace porque sea un narcisista, sino más bien porque sabe cómo aprovecharse de las ventajas de una filosofía de autoimagen. Se asegura que va a comenzar el día con una disposición mental apropiada para vencer y conquistar. Una mente, si se abandona, es predominantemente negativa; pero él se da cuenta de ello y hace continuos esfuerzos por educarla. Sabe que tiene que venderse a sí mismo antes de pensar en vender cualquier cosa a alguien, o ser capaz de influir sobre su medio ambiente de manera constructiva. Debe convencerse a sí mismo para convencer a otros. Y si no puede sonreírse a sí mismo, las posibilidades decrecen cuando se trata de otros.

La historia de Clark se remonta a hace cuatro años y medio. En esa época era un completo don nadie; todo cuanto tenía eran deudas. Debía seis meses de pensión a su ex-esposa, que le había demandado. Su coche había sido embargado y, con una deuda de tres meses en el alquiler de su apartamento, estaba a punto de ser desahuciado.

Acudió por casualidad a una de nuestras conferencias y fue introducido en el poder de su propia mente. Aprendió que lo negativo nunca se va de vacaciones; y si tenía que cambiar, él, y sólo él, había de hacerse cargo de ello y cambiarlo. Según sus propias palabras, así comenzó: «Vine a casa, me miré al espejo y me pregunté: ¿Qué eres, un ganador o un perdedor, un líder o un seguidor, positivo o negativo, un hombre o un ratón, un príncipe o un pobre? No me gustaron ninguna de las respuestas, y en ese momento, allí mismo, decidí hacer algo. Gracias a su conferencia, me di cuenta de que siempre hay una causa para cualquier efecto, y reconocí que mis miserias se debían a mi propia organización mental. Así que cogí al toro por los cuernos y, puesto que su idea de la repetición me pareció lógica, decidí intentarlo, y, con todo lo simple que es, nunca he dejado de utilizarla.»

Hace cuatro años y medio, Clark estaba en la ruina; pero al aceptar y actuar en consecuencia una sola idea para el éxito, se elevó desde el fracaso más ruinoso hasta un esplendor extraordinario. Hoy puede extender un cheque por un importe de más de un millón de dólares. Clark ronda ahora los cincuenta años de edad y, obviamente, va a gozar de sus segundos cincuenta años mucho más que de los cincuenta primeros.

DWIGHT DEWELL

Para mantener una mente fuerte, que confíe, no se debe subestimar el poder de la autogestión. Dígase a sí mismo repetidamente que todo es posible si usted cree que lo es, que la prosperidad y la felicidad son suyas. No pregunte cómo; sólo confíe en ello, y el cómo ya vendrá.

Dwight Dewell, funcionario de una gran compañía de seguros, había oído que, debido a lamentables problemas de personal, la agencia Tampa había despedido a todos sus trabajadores, siete hombres y una mujer, y estaba a punto de perder las cuatrocientas a quinientas pólizas que tenía suscritas en la zona porque no era posible proporcionar un servicio adecuado a los clientes. Cuando esto llegó a oídos de Dewell, la compañía había decidido ya no volver a abrir la oficina; pero, a pesar de sus argumentos lógicos, se las arregló para hablar con los directores y que éstos le dejaran intentar algo.

Dwight Dewell fue a Tampa. Puso la llave en la cerradura de la puerta de la oficina y, mientras entraba, dijo: «¡Buenos días!» No había ni un alma allí, pero visualizó a diez hombres devolviéndole el saludo alegremente. Durante los dos meses siguientes trabajó como si estuviera con diez personas, a pesar de encontrarse plenamente solo. Todas las mañanas daba los buenos días. Se mantuvo haciendo uso de este poder de sugestión, y trece meses más tarde, a pesar de lo que el sentido común les había indicado a los expertos miembros del consejo, Dwight Dewell había convertido a la Tampa en la primera agencia de la compañía en todo el país.

TODAS LAS SEMILLAS CRECERAN

Su mente consciente es dueña de su subconsciente, pero si esta mente interior no se mantiene ocupada con pensamientos constructivos y deseables, acabará recogiendo y actuando en consecuencia según las opiniones y vibraciones mentales casi siempre destructivas y negativas del mundo, y en poco tiempo adoptará inconscientemente hábitos perjudiciales que redundarán en su actitud mental general y que afectarán profundamente a su futuro. Manténgase alejado de todo lo negativo; inclínese y abra su mente por completo hacia todo lo positivo, actuando en consecuencia.

Lo negativo no tendrá entonces de qué alimentarse y se marchitará. Recuerde que en su fértil jardín —la mente— no existen las estaciones y que cualquier semilla crecerá y se multiplicará. Al ser usted mismo su propio jardinero, siempre tendrá trabajo; plantar y desherbar son tareas que nadie puede realizar, excepto usted mismo.

EL COMPAÑERO «ENFERMO»

Vigile cualquier observación negativa que sienta la tentación de hacer, y tenga cuidado de las que provienen de sus compañeros. Siempre que le diga a un amigo que no tiene buen aspecto, contribuye a minar su salud. Aunque considerados aisladamente son insignificantes, estos comentarios cobran una fuerza devastadora con la repetición.

En una oficina, cuatro personas decidieron, gastarle una broma a uno de sus compañeros. Por la mañana le saludaron diciendo: «Pero ¿qué haces día y noche? ¡Tienes un aspecto fatal!» Uno tras otro iban a su mesa a intervalos regulares y, con gran interés, le preguntaban por su salud diciéndole que su aspecto era horrible, ofreciéndole pastillas, sugiriéndole que visitara a un médico y prestándose de buen grado a ayudarle a regresar a su casa. Hacia las dos de la tarde, este hombre, que había llegado saludable y feliz, tuvo que dejar la oficina con fiebre y un sudor frío. Intente decir a alguien viente veces al día que parece enfermo y habrá desempeñado un papel de considerable importancia en el desarrollo de su enfermedad.

LOS NIÑOS

El poder de la sugestión ejerce un efecto tremendo. Si los padres se dieran cuenta de esto, no les oiríamos repetir continuamente a sus hijos: «Ya sabes que siempre te resfrías. Vístete»; «Pareces enfermo. ¿Cómo vienes tan pálido?» Y la frase que intenta ser una protección: «No hagas eso. ¡Ojalá te hagas daño!» Estas afirmaciones hacen alusión a la debilidad e implantan sentimientos de fragilidad en las mentes de los niños. Aún más dañinas para la realización de los niños son frases como éstas: «No sabía que un hijo mío pudiera ser tan estúpido. ¿Es que no usas nunca la cabeza?» «¿Es que no aprendes nada en la escuela? ¿Por qué no puedes ser tan listo como Jimmy?» «Nunca llegarás a nada.» «¿No puedes hacer ni siquiera algo tan sencillo?» Y así hasta el infinito. Millones de niños crecen aceptando esta situación mental y física negativa como normal. Poco a poco se ven arrastrados por las dificultades de la vida. Los psicólogos especializados en problemas infantiles dicen que los niños no siempre se comportan como desean sus padres, sino más bien como éstos esperan que lo hagan.

Dígale a su mejor amigo que su trabajo es pesado y agotador, que estaba destinado a hacer algo mejor. Dígale que no puede ser realmente feliz con lo que hace. Con estos pensamientos en la mente nunca conseguirá promocionarse ni aumentar sus ingresos, y usted le habrá demostrado ser su peor enemigo. Cada vez que lo mencione será como un pinchazo venenoso. Aunque el efecto inicial será ligero, este veneno dañino se irá extendiendo minando los posibles éxitos y fomentando el fracaso.

OTROS MEDIOS

Estamos sujetos a todo tipo de sugestiones. Ciertos gestos, por ejemplo, pueden dejar una impresión más profunda que mil palabras. Abra el periódico y estará, inmediatamente, sujeto a numerosas influencias. De hecho, periódicos y revistas son responsables, en gran medida, de la actitud mental general de un país. Los estudiantes de medicina tienen, una y otra vez, los mismos síntomas de la enfermedad que han estado estudiando, e incontables personas sienten las mismas molestias y dolores que los descritos en un prospecto de un medicamento después de haberlo leído.

HILANDO HEBRAS

Es realmente bastante simple. Un hábito comienza con una pequeña impresión sobre el subconsciente, y como si de un hilo de una araña se tratara, es débil y se aparta fácilmente, o simplemente se ignora. Pero nuestra araña hila nuevas hebras y refuerza el frágil hilo que hizo al principio hasta que el conjunto se convierte en un filamento poderoso, elástico y difícil de romper. La araña conoce instintivamente la necesidad de comenzar con un hilo, y añadir después otro y otro hasta que su tela queda terminada. El mismo instinto le aconseja ir mejorando constantemente su tela para hacer que se mantenga fuerte y eficaz. Igual ocurre con nuestros hábitos: como la araña, nuestra mente hila la primera hebra del pensamiento, repitiendo el proceso hasta que se convierte en un fuerte hábito. Al principio, usted debe desplegar un esfuerzo para comenzar a formar una tela de hábitos positivos; debe empujarse a sí mismo para mantenerse a una determinada altura. La recompensa nunca está lejos del esfuerzo. Una vez el hábito esté formado, será éste el que le empuje a usted. Entonces, lo único que tiene que hacer es efectuar reparaciones cuando sea necesario. Vigile el carácter de sus hábitos, ya que éstos determinan su presente y gobiernan su futuro.

EL DOCTOR EMILE COUE

El doctor Emile Coue llegó a América, procedente de Francia, en 1920 manteniendo la siguiente afirmación: «Día tras día, y en todas las formas, estoy mejor.» Miles de personas, muchas de ellas desahuciadas por sus médicos, acudían a él para que las curase. Todo lo que hacía era darles una frase para repetir, adaptada a cada caso, con el tema dominante de «Día tras día, y en todas las formas, estoy mejor». Los que seguían sus instrucciones y confiaban en esta terapia se recuperaron o presentaron una marcada mejoría. Mediante este simple tratamiento, el doctor Coue consiguió resultados claramente positivos sobre la mayor parte de sus pacientes.

El poder de la autosugestión, pariente próximo de la filosofía de la autoimagen, es la esencia verdadera de la psicología formal. Se trata de un proceso natural y simple. Como sabe, usted da las órdenes y su subconsciente es el poder que las cumple. La velocidad con que se producen los resultados depende mucho de los sentimientos, emociones y entusiasmo que acompañen a la orden.

MIEDO Y PREOCUPACION

De todas nuestras emociones destructivas, el miedo y la preocupación son, con mucho, las más devastadoras y deben tenerse siempre apartadas. No me refiero al miedo que experimentaríamos si el avión en que viajásemos se incendiara a 10.000 metros de altura; me refiero más bien a esos miedos emocionales diarios que normalmente provoca uno mismo y son infundados.

Miedo y preocupación son expresiones negativas y le fuerzan a dirigir su atención a ellas, apartando rápidamente de usted todo pensamiento constructivo y minando su bienestar. No soy capaz de pensar en nada en lo que se pueda poner más emoción que en el miedo y, puesto que las emociones fuertes son las órdenes más poderosas que su subconsciente puede recibir, esta forma negativa de autosugestión recibirá una atención máxima y estimulará una actuación inmediata, desechando todas las demás cosas de su subconsciente.

Para ayudarle a eliminar el miedo y la preocupación, el doctor Emile Coue sugiere en su libro, *La práctica de la autosugestión,* la siguiente afirmación:

> A partir de hoy tomaré mayor consciencia de todo lo que sea agradable, positivo y alegre. Los pensamientos que entran en mi mente serán fuertes y útiles. Aumentaré día a día la confianza en mí mismo, confiaré en mi propio poder que, al mismo tiempo, se manifestará en una mayor resistencia. Mi vida es cada vez más tranquila, fácil y esperanzadora. Estos cambios son más profun-

dos cada día que pasa; dentro de poco estaré en un plano diferente de vida y todos los problemas que solían confundirme se han desvanecido y nunca volverán.

El miedo es devorado en las fauces del pensamiento positivo.

A USTED LE OCURRE...

¿Ha oído alguna vez una narración o sido testigo de un acontecimiento que ha contado después en varias ocasiones? Poco a poco se convierte en algo más que lo que le pasó a otra persona; repentinamente, entra a formar parte del cuadro: ¡parece como si le hubiera sucedido a usted! Se convierte en el héroe, y aunque empezó contando lo que le pasó a él o a ella, comienza a decir que le ocurrió a usted.

Cuente una historia un número suficiente de veces y comenzará a creérsela. Por consiguiente, permítame recordarle una vez más que si se dice a sí mismo que es una persona «sana, triunfadora y feliz», o cualquier otra cosa que necesite según su específica situación y personalidad, poco a poco aceptará y se convertirá en la manifestación de esta autoimagen y lentamente se fusionará con su propia personalidad hasta convertirse en una unidad. No lo intente a medias y abandone después. Recuerde que debe seguir fiel al proceso hasta que su mente se encauce.

TEORIA Y PRACTICA

Usted ha leído esto porque está interesado en un mañana mejor, pero la simple lectura y memorización de lo expuesto no sirve para nada si no se respalda con la acción. Unos gramos de práctica son mejores que toneladas de teoría. El conocimiento sin acción no vale para nada.

7

LA CONFIANZA EN UNO MISMO

LA SEQUIA

Un pastor de una pequeña ciudad del medio Oeste reunió a su congregación para rezar por el final de la cruel sequía que azotaba desde hacía tiempo a la región. Todos acudieron sumisamente; pero cuando iba a comenzar la plegaria el ministro observó a los presentes desde el púlpito, hizo una breve pausa y habló después reflexivamente: «Durante veinte años os he estado hablando de la fe; pero ¿alguno de vosotros ha seguido las palabras de mis sermones? Me causa tristeza veros a todos aquí hoy con el único propósito de rezar por la lluvia... y que ninguno de vosotros haya traído paraguas.»

¿QUE ES LA FE?

¿Qué es ese algo invisible, intangible, que llamamos fe? ¿Ha pensado alguna vez qué significado tiene para usted? Muchos hombres han intentado explicarla mediante palabras. Ha sido descrita como la energía de la subsistencia invisible que se necesita para vencer circunstancias imprevistas. Robert Collier la describió como «la substancia de las cosas que se esperan, la evidencia de cosas que no se ven». San Agustín dijo: «La fe consiste en creer en lo que no vemos; y la recompensa de esta fe es ver aquello en lo que creemos.»

La fe es algo que va más allá de la razón: es la confianza inquebrantable en lo desconocido que nos ayuda en una perspectiva sana y en una creencia constructiva en el mañana. Una fe sólida es siempre precursora del éxito. La mente tiene dos opciones: creer o permanecer en una situación negativa de incredulidad. No hay término medio.

Cualquier logro debe comenzar con un pensamiento, y este pensamiento puede madurar en deseo; pero sin tener fe en la materialización de este deseo nunca seremos capaces de dar un paso hacia delante en su consecución. Este sentimiento interior de fe es, por consiguiente, el comienzo de todo logro, y actuando según nuestra fe es como conseguimos las cosas: convertimos la teoría en un conocimiento sólido a través de la experiencia y de la práctica. La fe es, en consecuencia, la precursora del éxito.

Es cuando encontramos obstáculos y descubrimos que progresar es difícil cuando necesitamos la fe. Cuanto más creamos más fácilmente venceremos la adversidad. Una vez conseguido algo es fácil decir: «Sabía que podría hacerlo.» Sólo hace falta mirar hacia atrás. Pero saber ahora que es posible conseguirlo, antes de alcanzar la meta, precisa fe.

CONFIANZA INSTANTANEA

Jack Johnson, un importante abogado de Florida, me contaba en una ocasión, medio en broma: «Cuando estaba a punto de pasar mi examen final, fui al banco y saqué de mi cuenta todo el dinero que tenía, ciento siete dólares, en billetes de cinco y un dólares. Era un buen fajo de billetes. Lo enrollé y lo metí en el bolsillo y, créeme, ese bulto en mi bolsillo derecho me dio mucha fe y confianza en mí mismo.» Nancy Jackson, columnista del *Miami Herald* y escritora independiente, ya fuera a su salón de belleza favorito para teñirse el pelo, ya se comprara una nueva peluca, decía siempre: «Levántame para enfrentarme al mundo y recobrar la confianza en mí misma.»

CONFIANZA EN UNO MISMO Y FE, SON SINONIMOS

La confianza en uno mismo consiste en creer en uno mismo y en lo que hace. Este tipo de creencia en sí mismo y en su vocación deriva en creer en el mañana y en el futuro desconocido, ya que usted está imbuido en ese algo intangible que le dice que camina hacia una meta. La confianza en sí mismo y la fe están por consiguiente, fuertemente ligadas. La fe en su medio ambiente, en sus acciones y en usted mismo construye una carretera hacia las estrellas. Nada puede detenerlo. Problemas y obstáculos, aunque sean de colosal naturaleza, se desmoronarán. Puede burlar a la ciencia, curarse incluso de una enfermedad cuando los conocimientos actuales y la técnica no sirvan para nada. Todo lo que tiene que hacer es darse cuenta de que el resultado está allí y comportarse como si fuera imposible fracasar.

CONRAD HILTON

La fe la llevamos dentro todos nosotros, pero debe ser utilizada, porque en caso contrario sería como si no existiera. Comience desarrollando la capacidad de creer en sí mismo. Desarrolle el tipo de fe que representa confianza en su propia capacidad y no tardará mucho en hacer aflorar sus cualidades y valores internos. De esta forma, en lugar de soportar la vida, podrá comenzar a vivirla. Desarrolle la confianza de Colón, que no tenía miedo de actuar en consecuencia a su creencia de que la tierra es redonda; o la fe en el mañana y en sí mismo de que hizo gala Conrad Hilton, que, aunque no sabía nada de dirección de hoteles, compró uno mediada la Gran Depresión de los años 30. Conrad Hilton construyó un imperio a partir de la fe en sí mismo y en lo que estaba haciendo, consiguiendo lo que otros habían calificado de «imposible». Era un hombre que sabía que no se aprende a nadar en secano, que hay que lanzarse a la corriente para experimentar verdaderamente lo que es la natación. Cuanto más se metía en la corriente, más crecía la fe que le había hecho un excepcional individualista, un hombre con convicciones fuertes y opiniones poderosas.

EL ABEJORRO

Todos tenemos capacidad para albergar la fe, hasta la persona más humilde. Siempre a nuestra disposición, resulta trágico que raramente se utilice. Nada es imposible, pero sólo si creemos que nada es imposible. Consideremos el caso del abejorro. Según las leyes de la aerodinámica «no puede» volar; no está hecho para volar; no tiene las proporciones apropiadas; sus alas son demasiado cortas y su cuerpo demasiado grande. Pero él no sabe nada de aerodinámica. Quiere volar, cree que puede volar, y vuela.

La fe no conoce limitaciones, y si usted se asocia con esta compañera invisible, y tiene confianza, el resultado final estará asegurado desde el momento en que dé su primer paso hacia delante.

EL HIPNOTIZADOR

¿Por qué entoces la mayoría de la gente tiene una tremenda falta de fe y confianza en sí misma? La fe forma parte del subconsciente. Su mente consciente es la culpable de restringir y privar al subconsciente del poder de desplegarse y ayudarle en su jornada diaria.

Tomemos, por ejemplo, el caso del hipnotizador que, al hipnotizarle, ejerce un control sobre su mente consciente y, a través de su mente, da órdenes directas a su subconsciente. Antes de hipnotizarle le pide que ponga dos sillas con un espacio suficiente entre ellas para poner el cuello en una y los talones en la otra. A menos que sea usted un atleta excepcional, no podrá hacerlo; y aun en el caso de que lo sea, no será capaz de mantenerse mucho tiempo.

A continuación le hipnotiza, dando la misma orden directamente a su subconsciente. Sin dudarlo, usted se coloca entre las dos sillas y se tumba, permaneciendo rígido, a las órdenes del hipnotizador, como una barra de hierro. Seguidamente pide al hombre más pesado del público que se siente sobre su estómago. Usted no se mueve ni un centímetro. Su subconsciente está libre de trabas. Pero tan pronto como el hipnotizador le devuelve a la realidad, permitiendo que su mente consciente funcione normalmente, usted se niega a creer —a tener fe— que puede hacerlo. El no le hipnotizó; le deshipnotizó.

LA TUMBA DE SAINT-GERMAIN

He aquí otro ejemplo para ilustrar el poder de la fe. Hace tiempo, la tumba de Saint-Germain tuvo que trasladarse debido a que las aguas del río Sena se estaban convirtiendo en algo poco agradable por el olor que despedían a causa de las aguas residuales de un suburbio de París.

Muchos estudiosos y arqueólogos fueron a ser testigos de la apertura de la tumba ante la que habían tenido lugar cientos, si no miles, de curaciones. Cuando se abrió el ataúd, todo lo que se encontró fueron unos cuantos huesos de perro. Esto no debe tomarse como un sacrilegio, simplemente ilustra lo que la fe es capaz de hacer. La fe puede hacer que los inválidos tiren las muletas, y todos sabemos que tales «milagros» han ocurrido realmente y aún ocurren. Lo que quiero decir es que el poder y el impulso, la fuerza para hacer cualquier cosa que desee se halla verdaderamente dentro de usted mismo. Lo único que tiene que hacer es dejar que salga, darle una oportunidad para que se manifieste, ponerla en movimiento actuando en la creencia de que existe. Emerson dijo: «Haz las cosas y tendrás el poder.» En otras palabras, la fe se desarrolla actuando

LOS HERMANOS WRIGHT

Eche una ojeada a su alrededor y observará que la mayor parte de las personas se levantan por la mañana y vuelven a casa por la tarde, y cuando están preparadas para dormir por la noche no tienen nada que mostrar diferente del día anterior. Todos se afanan por conseguir seguridad; pero la única seguridad real que existe es la que hay dentro de uno mismo, permitiendo llevar a cabo todo lo que se desee. Con fe, usted es capaz de hacer todo lo que *piense* que puede hacer, y esto a pesar de lo que otras personas digan o hagan.

«No se puede hacer», dicen, y se reían de los dos hermanos chalados que tenían una tienda de bicicletas y experimentaban una máquina que permitiría que el hombre volara. En ese momento era más difícil para ellos conseguir diez dólares para su experimento que hoy vender billetes de ida y vuelta a la Luna. Pero los hermanos Wright tenían fe en sí mismos y creían en lo que hacían. Estaban solos —lo cual quedó patente cuando anunciaron a la prensa y al mundo entero que iban a hacer volar su invento—. En el momento y lugar escogido no había más de un reportero, e incluso después de haber volado la gente seguía diciendo: «No se puede hacer.»

CHARLES MARTIN HALL

Charles Martin Hall, estudiante del Oberlin College, asistía un buen día a la clase de física en que el profesor Oberlin hacía notar que el hombre que encontrase un procedimiento barato para extraer aluminio de su mineral no sólo prestaría un servicio a la humanidad, sino que haría una fortuna. Martin Hall decidió ser ese hombre, comenzando a experimentar en un cobertizo de madera propiedad de sus padres.

Muchos científicos famosos, con grandes laboratorios a su servicio y fondos ilimitados para intentar conseguir que el aluminio se convirtiera en un metal corriente, hubiera podido desalentar al joven Martin Hall, pero él poseía esa intangible fuerza interior que le decía que debía continuar, y creer en lo que estaba haciendo, le resultó rentable poco después de acabar la carrera, cuando hizo un descubrimiento práctico para extraer el aluminio y se convirtió en un hombre rico, dejando tres millones de dólares sólo al Oberlin College.

Hubo muchos que ridiculizaron a Henry Ford, pero él también tuvo fe en el objetivo de su vida y en su capacidad para conseguirlo. Y si Edison hubiera prestado oídos a lo que los demás decían sobre el proyecto de una máquina parlante, no disfrutaríamos ahora de las películas que vemos en los cines.

Un ejemplo extraordinario de fe en sí mismo es el de Walter Russell, fundador de la fundación del mismo nombre en Waynesboro (Virginia). Fue otro hombre que basó toda su vida sobre el precepto de que no hay nada imposible.

Si se pone en práctica, esta filosofía, sólo puede producir grandeza, y Walter Russell era verdaderamente grande. No se limitó a ser un filósofo, científico, pintor y escultor extraordinario (estatuas de Roosevelt, Edison, etc.); también fue un arquitecto de altos vuelos (diseñó y construyó rascacielos en Nueva York) y uno de los mejores patinadores del mundo. Russell dominaba cualquier cosa que intentara. Era un hombre verdaderamente rico, mental, física, espiritual y financieramente hablando.

«Este hombre es uno de mis favoritos», se puede leer acerca de él en un pequeño libro titulado *El hombre que llegó a conocer el secreto del Universo,* de Glenn Clark, en el que se recuerda una anécdota del doctor Russell cuando tenía quince años. Su novia le dijo que la compañía de ópera iba a llegar a la ciudad y que deseaba que la llevase a ver las representaciones. El replicó que eso es lo que pensaba hacer, no sabiendo que lo que ella quería es que la llevara a todas las representaciones de la temporada. Cuando descubrió que eso era lo que ella esperaba, exclamó: «¡No puedo! ¡Es imposible!» La chica le miró extrañada, y le preguntó: «¿Has dicho imposible? Nunca imaginé que escucharía esa palabra de tu boca.» Walter Russell se lo tomó a pecho y le dijo, tal vez no demasiado afectuosamente: «De acuerdo, te llevaré.» Sin embargo, no tenía la menor idea de cómo iba a conseguir los 76,16 dólares que costaban los abonos.

En esa época no se podía llamar simplemente a un teléfono y

hacer las reservas: había que ir en persona, y el primero de la cola conseguía los mejores asientos. De esta forma, la noche anterior a la apertura de la ventanilla, Walter Russell estaba en la cola con toda su fortuna en el bolsillo: un billete de cinco dólares, y con una fe inquebrantable en el mañana desconocido. Sabía que cuando le llegara el turno tendría el dinero para las entradas. Esperó toda la noche y no ocurrió nada, pero su fe seguía inconmovible. Después, hora y media antes de la apertura de la ventanilla, algo ocurrió que, si bien no era demasiado importante, tuvo consecuencias. Un hombre cruzó la calle, echó una ojeada a la larga cola que se había formado, y ya se iba a marchar disgustado cuando vió a Walter Russell. Caminó hacia él y le preguntó: «¿Quieres ganar cinco dólares?» No hacía falta que se lo preguntasen dos veces. «Sí señor, ¿qué puedo hacer por usted?» El hombre le explicó que tenía que volver a su oficina a las nueve y cuarto y que podría hacerlo si Walter le cedía su lugar en la cola. Inmediatamente. Walter comprendió el asuto y le respondió: «Puedo hacer algo mejor que eso. Déme el dinero, su nombre y su dirección y le enviaré las entradas.» Es importante hacer notar que el hombre de nuestra narración no le pidió a Walter ni su nombre cuando le dio el dinero. ¿Cómo podía dudar de las vibraciones —entusiasmo, fe y actitud mental positiva— que emitía tal estructura mental?

Entoces, con el dinero en una mano y su lápiz y cuaderno de notas que tenía un nombre y una dirección en la otra, Walter se salió un poco de la cola para anunciar que allí estaba el mejor servicio de entrega de entradas de la ciudad. Pronto había una cola que se dirigía hacia la ventanilla y otra que iba hacia Walter Russell, quien recogía nombres y direcciones y cobraba por anticipado el importe de la entrada. Cuando llegó a la ventanilla, Walter no sólo había conseguido los 76,16 dólares necesarios para comprar las entradas, sino que también había ganado además 110 dólares.

PUEDE HACERSE

Piense en hace unos años. ¿Creía usted entoces que se podía hacer un viaje a la Luna? Piense en las últimas cinco horas en que ha estado despierto. ¿Cuántas veces ha dicho o pensado: «No lo creo», «No se puede hacer», o simplemente «No puedo»? Por favor, aparte esos pensamientos de usted, porque *puede hacerse;* es más *usted puede hacerlo.* Sustituya «no puedo» por «puedo», y verá cómo toda su vida cambia y mejora. Cuando oiga a alguien decir «no» o «imposible», esto debería causarle una impresión: sentir lástima por quien lo dice. Cerca del 80 por 100 de los ejecutivos importantes comenzaron muy abajo. Construyeron su mañana sobre la sólida creencia en lo que estaban haciendo y en su capacidad para hacerlo. No es el intelectual, el estudioso, el más educado o el que tiene más conocimientos quien llega necesariamente a la cima, sino el hombre que tiene fe, el que cree que puede.

CONFIANZA EN SI MISMO O TEMOR

La mente no puede estar ocupada en dos cosas diferentes a un tiempo, y es evidente que usted no puede ir a un mismo tiempo hacia atrás y hacia delante, e igualmente obvio que las preocupaciones, las dudas y el temor no pueden coexistir con la confianza en sí mismo y con la fe. La fe va por el camino más alto; el temor por el más bajo. La fe le conduce a la puerta dorada de la prosperidad y abundancia ilimitadas, y le permite mecerse en las olas de la felicidad. El temor, ese gran abortivo de la felicidad y del progreso, aparece con muchas caras y formas. Existe el miedo a fracasar: el mayor y más dañino de todos porque hace tener temor a dar el primer paso y engendra desconfianza en la propia capacidad. Existe el miedo a ser amado y el de mostrar amor. Existe el miedo de parecer ridículo, a no gustar, a ser diferente, a ser inadecuado, a las cosas nuevas, a cambiar. En la mayor parte de la gente existe el miedo a lo desconocido. Cuatro de cada cinco personas tienen miedo de tomar decisiones; y un número incontable de ellas temen a la muerte y a la invalidez.

CONSTRUIDO SOBRE UNA ROCA

Cualquiera que sea su naturaleza, sus temores sólo pueden brindarle aflicción y nunca pueden servir como fundamento de una vida valiosa. Confiar en el temor para los cimientos de su vida es como construir su casa sobre arena: a la primera tormenta caerá y será destruida. Muchos de los temores que posee —o mejor, que lo poseen— son imaginarios y se los impone usted a sí mismo. El miedo y la preocupación surgen de la ignorancia; la ignorancia engendra temor y el temor engendra enfermedad física y psíquica. Si teme a algo, enfréntese a ello. Con el conocimiento de aquello a lo que teme, surge el respeto, y un respeto saludable es bueno. El temor irracional ha perdido su fuerza. Usted reconoce al monstruo y lo etiqueta como tal, y si se convierte en algo importante, puede decir: «¡Muy bien! ¡De forma que éste es tu aspecto! No te subestimaré, pero no te temo.»

UN CASO DE LA INFANCIA

Una y otra vez, nos ponemos dificultades a nosotros mismos con estos estériles temores. Pintamos el lado malo de las cosas y nos imaginamos «exactamente» lo que ocurrirá en una determinada situación. Nos aseguramos a nosotros mismos que nuestros temores se materializarán incluso antes de intentarlo. Estos temores imaginarios destruyen todos los estímulos.

Cuando yo era un niño de siete u ocho años, mi familia y yo vivíamos en una playa cercana a Copenhague. Entre nuestra casa y la estación de ferrocarril había un pequeño bosque, por el que cruzaba un útil atajo. Una tarde, a las cinco y media, salí de la pequeña estación y comencé a caminar hacia mi casa a través del bosque. A esa hora del día es de noche en Dinamarca en algunas épocas del año, y esa tarde había muy poca luz. Había caminado por ese atajo incontables veces, pero esa vez, cuando me abría paso entre los arbustos, vi repentinamente un terrible monstruo que bloqueaba el sendero. Mi imaginación me jugó una mala pasada y temblé de miedo. Me quedé rígido, respirando a duras penas, pero algo me hizo dar un pequeño y dudoso paso hacia delante. Tal vez fueran las palabras que mi madre tantas veces me había repetido: «Si tienes miedo de algo, investiga.» Di otro paso hacia delante, temblando, tensos los nervios. Pero di un nuevo paso. Mi corazón palpitaba con rapidez, mis rodillas flaqueaban, sudaba por todos los poros de mi cuerpo a causa de toda la energía mental y física que tuve que poner en juego para llegar al árbol roto que se me había aparecido como si fuera un amenazador y grotesco monstruo. Así ocurre con la mayor parte de nuestros temores: les damos proporciones que no tienen. Pero si damos un paso, y otro, hacia delante, comenzamos a tener una visión clara de lo que tememos, lo cual hace que pierda carga emocional. No puedo hacer suficiente hincapié en la importancia que tiene para usted practicar esto. La desaparición definitiva del temor exige conocer aquello que tememos.

Dentro de usted se encuentran todas las posibilidades y oportunidades del mañana. No permita que temores negativos e imaginarios le aparten del desarrollo de su capacidad y de alcanzar niveles más elevados. Sea como Ken Venturi, el jugador de golf, que dice: «Cuando miro el curso que ha de seguir la pelota, no veo escollos ni problemas: sólo veo la bandera. Siempre me dirijo hacia la bandera.»

NOVENTA Y CINCO POR CIENTO DE PESO MUERTO

El temor y la preocupación le arrastran hacia abajo como si se tratase de un peso de una tonelada, y existen pocos sustitutos para un razonamiento y un pensamiento claro. Por desgracia, la mayor parte de las personas vivas tienen un 95 por 100 de peso muerto que las hace bajar a un nivel que está por debajo del que les correspodería. Se pueden comparar a una barca con motor fuera borda de 75 caballos que funciona a su máxima velocidad mientras está anclada. A pesar de la potencia del motor, el ancla retiene a la barca; ésta en vano tiembla y se agita; todo intento por desplazarse resulta inútil. Al final, la barca acabará por destruirse a sí misma, a no ser que alguien corte la cuerda del ancla. Entonces, aliviada de su carga, la barca se mueve hacia delante libre para llegar a su destino. Igual ocurre con sus temores: córtelos y vaya a toda velocidad hacia delante. La barca tiene la limitación de los 75 caballos de su motor, pero para usted y para mí las únicas limitaciones son las que queramos imponernos a nosotros mismos.

FRANKLIN D. ROOSEVELT

El trabajo manual puede resultar cansado; todo trabajo mental es también cansado. Pero es el miedo y la preocupación lo que agota la energía vital, destrozando la iniciativa, secando la vitalidad de su sistema y haciendo que usted esté física y mentalmente indefenso y sea una fuente de ingresos para su médico. Todos lo que están vivos tienen problemas que superar; sólo la muerte está exenta de ellos, pero los problemas no tienen que ser el fin del mundo si usted no deja que lo sean. No permita que engrendren temor, preocupaciones y sensación de inadecuación. Comprenda que el temor, en cualquiera de sus formas, aunque sea muy real, no le va a ayudar a mantenerse alejado del objeto o situación temida: en lugar de ello, le mantendrá más cerca, pues actúa como las arenas movedizas, que le engullen cada vez más profundamente hasta acabar por tragarle totalmente. Sólo le ayudan a caer en una desesperación mayor a perder las esperanzas. Durante la depresión de los años 30 en Estados Unidos, Franklin D. Roosevelt cambió el espíritu de todo el país con su discurso inagural, que comenzaba con la frase: «No tenemos que temer a nada, excepto al temor mismo.» Asumir totalmente y con profundidad esta afirmación le brindarán una felicidad y prosperidad que de otra forma no hubiera sido posible.

Usted planta la semilla, la riega y recoge la cosecha. Si tiene miedo hará que su subconsciente se vuelva negativo y usted se convertirá en su esclavo. Domine el miedo y dominará el destino. Hágalo ahora. Son demasiadas las personas que esperan que llegue su barco cuando nunca han enviado nada. Se pasan la vida esperando...

FE O TEMOR

La primera máxima de todas las religiones, antiguas y nuevas, es: «Arroje todos los temores.» Se ha dicho que «es el miedo lo que nos mantiene en la vida que maldecimos». Henry Ford dijo en una ocasión; «Tanto si piensa que puede hacer una cosa como si no, está en lo cierto.» El visado para el País del Exito está estampado en su pasaporte, pero esto no significa nada si el barco no parte. No deje que las cosas limitadas de fuera estrangulen su interior ilimitado. ¿Qué va a tener, fe o temor? Decídase ahora; no espere a que la vida le empuje a situaciones en que se vea *forzado* a escoger. Construya su fe ahora; hágala fuerte y fiable. Acondicione su mente para creer. Desarrolle una consciencia del éxito; dése cuenta de su gran capacidad; supere pequeñas tareas y arrójese a cosas a las que antes no se atrevía porque no conocía gran cosa acerca de ellas. El éxito en estas pequeñas tareas proporciona un excelente estímulo para inducir a la confianza en sí mismo.

TOME SU DECISION

Aunque no haya tomado ninguna decisión en su vida, aprenda a tener fe en su propio liderazgo. Sus decisiones importantes no las pueden tomar otras persons. ¿Cuál será su decisión? ¿Vivir en la fe o en el temor? ¿En el deleite o en la miseria? ¿Luchar simplemente para existir, para tener la comida diaria que le mantenga vivo para luchar mañana, o nadar en la abundancia? Tome su decisión con seriedad y determinación y haga votos para no romperla nunca. Su destino es suyo para escogerlo y vivirlo, e ignorar esto le pone en un peligro más grave que el de un niño que juega con fuego.

MIKE

¿Por qué la mayoría de las personas insistimos en aprender de la forma peor cuando sería mucho más sencillo escuchar y aprender de las pruebas y errores de los otros, asi como también de sus éxitos?

Tome ejemplo de Mike Mingster, que, a los quince años, fue víctima de la poliomilitis. Tras cinco meses y medio en cama, a merced de su entorno, oyó al médico decirle a su madre que nunca volvería a levantarse de la cama. ¡Qué terrible noticia para un joven tan lleno de energía y tantas cosas por hacer! Tuvo que ser realmente desmoralizador saber que nunca podría jugar al fútbol o hacer el más pequeño esfuerzo físico.

Sin embargo, un amigo le habló del método de Emile Coue, del que hacía poco había oído hablar. Le trajo a Mike una cuerda y le dijo que hiciera fuertes nudos en ella. Aunque no podía escribir ni comer por sus propios medios. Mike se las arregló para hacer cuarenta nudos. A partir de ese momento, tenía que dejar deslizar la cuerda entre sus dedos como un rosario y repetir para cada nudo: «Puedo andar. ¡Voy a andar!» En todo momento se imaginaba a sí mismo caminando. Pasaron varios meses y no había mejora aparente. Un día, hacia las tres de la madrugada, toda la vecindad se despertó con los gritos procedentes del extremo del edificio. Fueron todos corriendo y encontraron a Mike histérico sobre el suelo. Qué había ocurrido: mientras estaba dormido había empezado a caminar, y al andar tropezó contra la esquina de una mesa, cayó al suelo y se despertó.

La importancia de esta historia radica en que la mente subconsciente, sin trabas, había aceptado el hecho de que podía caminar, y por la noche, cuando la mente consciente estaba dormida —una vez borradas todas sus limitaciones, preocupaciones y dudas—, el subconsciente empezó a actuar automáticamente de acuerdo con lo que se le había ordenado: «Puedo andar. Voy a andar.» Incluso después de esta experiencia pasó bastante tiempo hasta que Mike fue capaz de caminar voluntariamente.

Sin embargo, esta experiencia le proporcionó una tremenda fe y confianza en los potenciales humanos. Hoy vive en las Bahamas y es un hombre muy próspero, lleno de vitalidad y firme en la seguridad de que nada es imposible si hay fe. Si usted la envía por delante, esta seguridad en sí mismo pavimentará el camino hacia el éxito.

SOFIA TUCKER

Sofía Tucker contó esto a los periódicos: cuando era joven —hacía el año 1909— decidió comprarle una casa a su madre para que no viviera siempre en casas de huéspedes. Para hacerlo, necesitaba mil dólares de entrada. Había oído hablar de un hombre llamado Thomas Edison que hacía discos en Orange, Nueva Jersey; cruzó el condado para visitarle y le contó sus proyectos. Aunque Edison jamás había oído hablar de Sofía, ni siquiera le pidió que cantara: simplemente le extendió un contrato y le anticipó mil dólares. Sin embargo, Edison había dicho que nunca emprendía nada en lo que no viera un claro beneficio. Fue la fe de Sofía Tucker en sí misma y en su mundo, y la confianza en lo que estaba haciendo, lo que hizo que conquistara a Edison en el momento en que se estrecharon las manos. No tenía nada que elegir desde el primer momento.

EL CREDO DE LA JOVEN AMERICA

«Debes renovar tu fe día a día», advertía Robert W. Youngs, y Oliver Wendell Holmes añadía: «Muchas personas mueren sin haber utilizado lo que llevan dentro» ¿Por qué? Simplemente porque les falta la fe necesaria para realizar cosas. Como guía del éxito para el mañana, y como inspiración para ahora mismo, preste atenció a las palabras del «Credo de la joven América», de

Dean Alfange, fundado en una perspectiva mental positiva y en una fe y confianza de gran intensidad.

> No me resigno a ser un hombre corriente. Estoy en mi derecho de ser algo fuera de lo normal. Busco la oportunidad de desarrollar el talento que Dios me dio, no la seguridad. No deseo ser un ciudadano humillado y sombrío por contar con el Estado para cuidarme. Quiero asumir el riesgo calculado; soñar y construir, fracasar y triunfar. Me niego a cambiar el incentivo por el subsidio. Prefiero los desafíos de la vida a la existencia garantizada, la libertad por la beneficencia ni mi dignidad por una limosna. No me encogeré nunca ante ningún maestro mundano ni me inclinaré ante ninguna amenaza. Mi herencia me hace permanecer erecto, orgulloso y sin miedo: pensar y actuar por mí mismo, gozar de los beneficios de mis creaciones y enfrentarme al mundo audazmente, y decir: «Esto es lo que, con la ayuda de Dios, he hecho.» Esto es lo que significa ser americano.

NO DUDE

Llene este momento con fe. Cultive el poder de la espera. Crea desde ahora mismo en sí mismo y en sus actos. Sea consciente del poder que hay dentro de sí, de sus posibilidades, de sus capacidades. Aprovéchese de ello. Confíe en ello. Crea en esto y póngalo en práctica. Eso es todo lo que hace triunfar, pero *debe* tener una fe absoluta. Comience ahora —no dentro de una hora, sino ahora mismo—. No aplace la decisión, o algún día se levantará sólo para descubrir que ha desperdiciado los días de su vida, que no ha conocido la verdadera felicidad, que ha dado la espalda a las oportunidades, que nunca ha tenido éxito, que la victoria, incluso en pequeña escala, le ha dado esquinazo, y que su vida puede escribirse con una sola palabra: mediocridad.

Usted ha vivido con la felicidad, riqueza y abundancia que ha tenido a su alcance, pero como el pez que vive en el agua y no sabe lo que es el agua, así ha fracasado en reconocer la esencia del éxito y, por consiguiente, nunca lo ha encontrado.

«EL ACERCAMIENTO TRISTE»

Hace aproximadamente cuatro meses, yo estaba buscando una nueva máquina de escribir. Deseaba probar tres marcas diferentes y tuve que tratar con dos vendedores. Uno me saludó con la siguiente frase: «Perdone que le moleste.» Esto no me dio ciertamente mucha confianza. A continuación me dijo que su producto era inferior. Durante los cinco minutos siguientes me reveló que tenía esposa y tres hijos que mantener y que necesitaba dinero, así que, ¿por qué no le iba a comprar a él en lugar de a su competidor? Con este tipo de acercamiento estoy seguro que necesitaba dinero, y ésta es la actitud que desafortunadamente adoptan muchos «vendedores» esperando atraer el éxito o, por lo menos, algunas pequeñas ventas. Estas personas harían mejor en cavar zanjas: Conseguirían más dinero en esa actividad.

Una y otra vez se toma contacto con personas que dan excusas para justificar lo que son. «Sé que no soy demasiado bueno en esto», dicen. «Sé que no se me quiere» o «Si por lo menos tuviera antecedentes», o experiencia, o talento, o dinero. Excusas, excusas. La mayor parte de la gente vive de excusas. *Si no le gusta el lugar que ocupa o lo que es, haga algo para remediarlo.*

HENRY CALDING

Henry Calding, que ahora es un importante agente inmobiliario en la Costa de Oro de Florida, decidió en sus años mozos trabajar con el departamento de ingeniería de la corporación Remington; pero como no poseía antecedentes que indicaran su relación con la ingeniería, fue rechazado. Mas Henry Calding estaba preparado para ello; tenía fe en sí mismo y sabía para lo que había venido. Así, emanando confianza en sí mismo, replicó: «Señor, sé que soy capaz de hacer por su departamento en los próximos diez años más que cualquier otro hombre que usted pueda encontrar, y le sugiero que me acepte para trabajar un mes sin pagarme. Si llegado el momento decide seguir conmigo, me paga el sueldo atrasado; si no, quedaremos tan amigos.» ¡Esto sí que es una actuación de un ganador! ¿Quién podría resistirse a tal actitud? Unos años más tarde, Calding se convirtió en el gerente de ventas del departamento de ingeniería.

NO SE RINDA

No deje que los sentimientos de inadecuación y limitaciones autoimpuestas dominen su sentido común e iniciativa, porque si lo hace creará un mundo muy difícil para usted. Espere siempre lo inesperado. Tenga siempre claro que para obtener éxito financiero o cualquier otro objetivo debe tener primero fe en sí mismo, en su meta y en su entorno. Si no está en el lugar en que desearía estar, haga un diagnóstico de sí mismo y sea consciente de que su situación es una malnutrición mental provocada también por una estructura mental poco apropiada. Comprenda que su oponente o, más apropiadamente, su enemigo, es el miedo, las preocupaciones y la falta de fe. Sea siempre consciente de la existencia de estos malignos enemigos; niégese a que moren un solo momento en su interior. Aunque no tenga ni un céntimo en su bolsillo, mantenga un aura consciente de abundancia. No deje que el miedo a la pobreza le paralice. No facilite a su enemigo la labor rindiéndose, cuando puede ganar contraatacando, con la fe en un mañana mejor como su socio.

En un momento u otro, la mayoría de la gente ha caído en una situación en que no se tiene el dinero que se necesita o la idea precisa. Los que no permiten que sus ansiedades nublen su confianza y sus esperanzas de lo inesperado son los que progresan, dejando las dudas tras ellos. El éxito motiva los 27 billones de células de su cuerpo para esperar el éxito. Todo su ser se hace positivo y sólo puede atraer lo positivo. Desde luego, también ocurre lo contrario si permite que su cerebro transmita mensajes de fracaso y derrota. Las mismas células esperarán y atraerán el fracaso y la miseria.

No estropee un futuro próspero activando los poderes magnéticos negativos y dañinos del subconsciente. La ley de la atracción, recuérdelo, funciona sobre su mente interior atrayendo cualesquiera pensamientos dominantes que tenga.

EXITO INSTANTANEO

Usted quizá dude que pueda ser capaz de cambiar del fracaso al éxito en este preciso momento sólo con variar su actitud mental. Pero invierta los términos, cambiar del éxito al fracaso en este preciso instante, y la respuesta es sencilla. Usted sigue la trayectoria de su pensamiento; cambie el curso de sus pensamientos se moverán en una dirección diferente. En el momento en que elimine la palabra «no puedo» y la sustituya por «puedo», creará éxito al instante. Habrá subido al tren del éxito y *será* éxito, incluso aun cuando el resultado final no se haya manifestado externamente. No puede alcanzar la meta de inmediato pero sí comenzar el viaje ahora; de esa forma usted comienza a tener éxito inmediatamente. Es muy simple, aunque puede no resultar demasiado sencillo. Pero no lo eche en saco roto. Aplazar las cosas mata la actividad, y la fe y la confianza se marchitan, debilitando en gran medida el poder de la mente consciente sobre el subconsciente.

BOB MACIAS

Bob Macías se había entrenado durante dos meses y medio para conseguir un trofeo de natación; sin embargo, sabía que no podía y, cada vez que saltaba a la piscina tenía que sacarle el instructor. Cuando llegó el día y las gradas estuvieron llenas de espectadores, Bob no era el único espectáculo. Sus amigos comenzaron a llamarle, animándole, diciéndole que podía, e inspirándole. Cuando Bob caminó hacia la piscina siguieron animándole y construyendo su fe. Bob consiguió nadar, no con muy buen estilo, pero lo suficientemente bien como para ganar el trofeo.

Bob experimentó un éxito instantáneo, pero usted no necesita una multitud que le aclame. Todo cuanto precisa es una convicción interna.

Crea que tendrá éxito y viva según la imagen que se haya hecho de sí mismo.

LA FE ESTA DENTRO DE NOSOTROS

Todos nacemos con confianza en nosotros mismos y estamos destinados a prosperar con el poder de la fe, pero muchos no dejamos que alcance el nivel de consciencia tal que podamos expresar nuestra confianza en todo, y más en nosotros mismos. Las personas que permiten que la vida les hunda y que les robe su confianza en sí mismos se pregunta: «¿Para qué sirve?» Pero si cree en las reglas del éxito, si cree en los miles de hombres y mujeres que se han levantado a sí mismos de la depresión y la desesperación, del arroyo donde el suicidio parecía ser la única salida, sabrá que «sirve» considerablemente. Haga que su fe intangible se convierta en tangible a través de la materialización de sus deseos y metas futuras. No mire hacia atrás, permitiendo que experiencias poco placenteras y poco afortunadas influyan sobre su pensamiento. No puede hacer nada con respecto al pasado. Su vida está en el futuro. Mire hacia delante, preocúpese por el mañana y el resto de su atención concéntrelo en el presente. Hoy es el primer día del resto de su vida. Mantenga una actitud positiva, expectante: busque oportunidades; tenga confianza en que lo conseguirá... y logrará conseguirlo.

PILARES QUE APOYAN LA CONFIANZA EN UNO MISMO

Para construir y mantener un estado confiado de mente debe estar inspirado, y para estar inspirado es necesario tener algo definido en la mente. Uno de los pilares más importantes de su fe consiste en mantener la vista fija en su meta. También es un buen apoyo para su confianza y para su fe en sí mismo asociarse con personas que tengan confianza en sí mismas, que saben y viven en la verdad de que el mundo confía en aquellos que confían en sí mismos. A veces, en lugar de personas, rodéese de libros estimulantes —biografías de grandes hombres, historias de sus pensamientos y obras—, y experimentará un cambio muy notable en su propio pensamiento y comportamiento. Los libros pueden ser también un estabilizador maravilloso que le haga volver a tener equilibrio y paz mental en su interior.

En la revista *Self Realization Fellowship,* de febrero de 1936, leí el siguiente consejo, tan necesario en nuestros días, sobre cómo conseguir una actitud positiva y abstraerse de las vibraciones negativas, sobreexcitadas, de nuestro mundo.

SOLICITUD DE EQUILIBRIO

Mary Alden ha proporcionado el secreto para adquirir un equilibrio completo. Lo aprendí de un abogado muy conocido —dijo la señorita Alden—, que me contó que, todos los días de su vida, durante una hora, se aislaba y leía Poesía.

«Tal vez suene un poco fantástico —continuó Mis Alden—, pero he llegado a la convicción cada vez más profunda de que la soledad es el secreto del equilibrio. Si usted no se fuerza a estar solo durante cierto período de tiempo para recuperar su pauta, será barrido con la multitud y se encontrará ajustándose al ritmo del populacho, que le mantiene en un estado de continua discordia.»

8

EL OBJETIVO

EL PODER DE MATERIALIZACION DE SU OBJETIVO

En anteriores capítulos hicimos una introducción al hecho de que nada está fuera de sus posibilidades, pues el poder de materialización de sus objetivos reside dentro de usted. Aplique este conocimiento a un uso constructivo y podrá tener cuanto desee. Nosotros mismos somos quienes creamos nuestro mañana. Aviones a reacción, vehículos espaciales y productos más comunes: todo comienza con un pensamiento. Precediendo al mayor invento, a la fortuna más inmensa, encontrará el pensamiento, la idea. Sus imágenes mentales determinan si usted gozará de salud, de riqueza y de felicidad, o sufrirá enfermedades, fracasos y miserias. Al igual que debe ser consciente respecto a la salud para mantenerla, así debe ser respecto al éxito para atraerlo y mantenerlo.

¿QUE ES LO QUE QUIERE?

Para muchos, la buena salud y la riqueza material son requisitos indispensables para la paz mental. Algunos buscan posición y poder; otros aspiran a llenar ambiciones artísticas, y los hay que desean recorrer los caminos que llevan al honor, el reconocimiento, el prestigio y la fama. Hay muchos que lo único que desean es una pequeña casita de campo para dos. No le prometo que llenar cualquiera de estos sueños le proporcionará lo que espera, pero las cosas son mucho más fáciles cuando se sabe lo que se quiere, y puedo afirmar con absoluto conocimiento de causa que muchas personas pertenecen a la mediocridad, y a un pensamiento de mediocridad, porque les falta un propósito, una meta definitiva, algo que arrope sus vidas; no se han trazado un camino para conseguir sus ansias y deseos. No se puede progresar sin un objetivo: si no tiene, descúbralo. De no ser así, no espere mejorar su situación actual; de hecho, puesto que nada es estacionario, irá retrocediendo gradualmente.

Apunte al vacío y no alcanzará blanco alguno. El 98 por 100 de las personas son improductivas e infelices, están como flotando porque les falta una meta. Es triste ver al hombre sin un objetivo; ante todo, es digno de lástima, ya que sólo utiliza una pequeña fracción de su capacidad y posibilidades, y nunca experimenta el valor real de la vida.

Nunca sabrás lo que puedes hacer,
ni quién ni qué eres,
hasta que no levantes los ojos
intentando fijar tu vista en una estrella.

Enola CHAMBERLAIN

Todo el mundo desea evadirse de penas y sufrimientos y alcanzar éxito y felicidad duraderos. Todos tenemos un deseo, pero la mayoría nunca lo alcanzamos. Es un hombre sabio el que siempre hace un sincero esfuerzo en la dirección correcta y nunca pierde de vista su objetivo o ideal. En ausencia de una meta definitiva, o de un objetivo preciso, siempre acaba uno extraviándose en la más absoluta frustración. Por otra parte, un destino claramente definido sirve como un faro que guía cada paso, y cada movimiento lleva al viajero más cerca de su destino.

BARCO EN PELIGRO

Imáginese a sí mismo en un pequeño barco de vela en pleno océano; repentinamente, la brisa se convierte en una galerna. El cielo se oscurece, nubes bajas cubren el cielo, y antes de darse cuenta se halla en medio de una tormenta, aislado de tierra y con unas olas despiadadas, frías, que le calan hasta los huesos y le golpean. A medida que pasa el tiempo y no hay señal de tierra, el silbido del viento y las olas implacables hacen que, poco a poco, su espíritu se vaya hundiendo; la esperanza se marchita y llega la desesperación.

Imagine que de pronto ve una luz a lo lejos: este leve destello es la única diferencia; se convierte en su meta inmediata, en el único objetivo importante. Ahora sabe hacia dónde se dirige y cómo colocar sus velas; el poder desmoralizador del viento y de las olas ha perdido su virulencia. Los obstáculos, aunque son físicamente los mismos, parecen menos amenazadores en su mente, convirtiéndose en un desafío más que en una amenaza. El objetivo, la luz que guía, es quien marca la diferencia.

DESPILFARRO DE ENERGIA

Los simples esfuerzos que no se dirigen hacia el objetivo de la búsqueda no conducen a ninguna parte: debe apuntarse en línea recta hacia el objetivo antes de esperar el éxito. Una vida de esfuerzos de espaldas al objetivo no conduce a nada: sólo se consigue un movimiento circular ciego y sin fin, como el de un buey atado con un yugo a la prensa de aceite, que se pasa el día caminando penosamente con anteojeras en los ojos, dando vueltas continuamente sin hacer progreso alguno.

Sus energías se desperdician y no le llevarán a dar el primer paso en el camino hacia el éxito si no establece una meta definida que esté respaldada por un plan. No importa cuánta potencia tenga el motor de un coche, éste no se moverá si no se engrana la marcha. Si no estamos en el camino correcto hacia nuestro destino es inútil, además de suponer un despilfarro, pisar a fondo el acelerador. Nuestra única esperanza reside en cambiar la dirección. Sin una meta nadie alcanza ningún tipo de éxito; por consiguiente, su futuro depende del tipo de meta que se haya fijado.

EL OBJETIVO MARCA LA DIFERENCIA

Indudablemente, la razón principal de que la gente viva por debajo de sus posibilidades es que no establecen una meta: temen fracasar y ésto les impide levantarse del suelo. Todo el mundo tiene la oportunidad de alcanzar el éxito y de ser feliz; pero muy pocos actúan de acuerdo con sus oportunidades y se aprovechan de ellas. Muchos son los arqueros, pero muy fáciles de contar los que dan en el blanco.

El talento y la educación, considerados aisladamente, no le suben al tren del éxito: el mundo está lleno de fracasados que poseían tales atributos. La meta es lo que marca la diferencia. Sin que haya un objetivo, lo único que puede hacer es existir; pero fijando una meta podrá aprovechar la existencia que le ha sido dada y, de ella, crear vida.

Si le es posible, siéntese ahora mismo y no se levante hasta que haya fijado el objetivo más importante de su vida; y no es éste el momento para tener temores y dudas. Si es necesario, queme los puentes que hay tras de usted. Sea como Hernán Cortés, el conquistador de México, que conoció y puso de manifiesto esta unidad de propósito cuando, en 1518, destruyó toda su flota para evitar que sus soldados desertaran, dejándoles sólo un camino por el que ir: hacia delante.

Sea muy honesto consigo mismo. ¿Qué es lo que realmente desea? Ningún sueño está demasiado lejos. Lo que ahora no es posible lo será cuando empiece a seguir la dirección adecuada.

Por encima de todo, establezca su propio objetivo; no deje que los demás decidan por usted. En cualquier país hay muchas formas de vivir. No se precipite en la decisión a menos que no tenga absolutamente ninguna duda, y aun así siéntese, medite sobre ello y asegúrese de que la imagen que construye corresponde realmente a lo que desea. No trate de engañarse a sí mismo en este asunto, pues gran parte de su progreso futuro y de su felicidad depende de ello. Reconozca que el éxito es todo aquello que le llene y le satisfaga, sin importarle la definición de otros. El éxito es algo muy individual y no lo conseguirá hasta que sepa el significado que tiene para usted.

Es posible que vacile porque lo que realmente desea requiere sacrificios, tanto inmediatos como futuros; pero si no comienza a apuntar hacia el blanco ahora, puede que le lleve la corriente durante el resto de sus días.

¿DONDE ESTARA DENTRO DE UN AÑO?

Generalmente, no se puede predecir a largo plazo en los negocios: normalmente hay que conformarse con establecer un objetivo a un año vista o, tal vez, a cinco años. Por ejemplo, las personas como Henry Ford, Andrew Carnegie, Wanamaker y Rockefeller no podían visualizar seguramente las empresas gigantes que resultaron del trabajo de su vida. Pero nadie que estuviera satisfecho con aquello que tenía consiguió jamás nada. En un negocio no basta con contentarse con lo que se tiene. Si usted sabe lo que quiere conseguir en el futuro, cómo desea modelar su vida, si en el presente puede visualizar su objetivo principal, establezca seria y honestamente un punto de mira más bajo, pero mantenga su objetivo final. El mundo siempre tiene caminos para los hombres que saben hacia dónde se dirigen, tanto si la distancia es grande como si es corta. El hombre tiene que *hacer* para *ser;* si no es, es infeliz, existe sin vivir.

¿Qué quiere ser dentro de cinco años? ¿En qué tipo de casa le gustaría vivir? ¿Cuánto dinero quiere tener en su cuenta bancaria de ahorros? ¿Qué tipo de coche le gustaría conducir dentro de un año o de seis meses? ¿Cuánto dinero quiere estar ganando en ese momento? Sea específico. No basta con decir, por ejemplo: «Quiero ser rico.» Es posible que su meta inmediata, en el camino hacia sus deseos futuros, sea liquidar las deudas pendientes con todos sus acreedores: éste es un comienzo muy respetable. Yo lo hice en una ocasión y ése fue el principio de una vida que no hubiera conseguido de otra forma. Este compromiso abre nuevas perspectivas, oportunidades y posibilidades.

CADA COSA A SU TIEMPO

Es bueno tener muchos intereses, pero enfoque su ambición hacia uno sólo. Solamente puede tener una meta en cada momento. Solamente puede enfocar y concentrarse adecuadamente en una cosa; la segunda puede hacer que se extravíe. Un disparo de un rifle adecuadamente apuntado es suficiente para alcanzar el blanco, en tanto que una docena de disparos errados no sirven de nada. No obstante —comprenda bien esto—, al lado de su meta principal puede tener otras más pequeñas, una en cada momento, siempre y cuando todas ellas se hallen en armonía con el objetivo final. Un sueño y una meta del jugador de golf sería seguir los pasos de Gene Sarazen, Ben Hogan y Gary Player, y ganar el Masters, el P.G.A. americano y el Open americano y británico; pero su meta inmediata, más reducida, sería ganar todos los torneos en que participara.

El vendedor que haya establecido su meta en una cifra anual de beneficio neto de 25.000 dólares consigue este objetivo mediante metas diarias, menos ambiciosas, que consisten en mantener antiguos clientes y descubrir otros nuevos, además de encontrar formas, medios e ideas para venderles su producto.

Frecuentemente se alcanza la meta final consiguiendo metas parciales. Bob Beuker, un estudioso de esta filosofía, apunta alto. Empezó en el negocio de los neumáticos con el deseo de montar una cadena de fabricación: al principio necesitaba dinero para pagar sus gastos, por lo que trabajaba por la tarde en un aparcamiento. Esto no estaba relacionado en absoluto con su objetivo global, pero servía a la necesidad inmediata de mantener alejados a sus acreedores... Era un medio para conseguir un fin. Unos años más tarde, Beuker es un hombre rico y con éxito.

PERMANECER SIEMPRE EN EL MISMO PROCESO

Si usted se propone una meta a corto plazo, tan pronto como la consiga deberá establecer una nueva de mayores pretensiones.

Tomemos el ejemplo de Joseph Henry, el físico norteamericano que mostró un telégrafo eléctrico antes de Morse y descubrió la corriente de inducción antes que Faraday, deteniéndose después. Morse y Faraday no se detuvieron en sus descubrimientos: apuntaron hacia nuevas metas. Si usted apunta hacia delante, y actúa según el objetivo que se ha impuesto, nunca estará satisfecho con lo conseguido y apuntará cada vez más alto. Esfuércese en conseguir cosas, ya que siempre hay lugar para mejorar; el gozo que obtendrá de este proceso es lo importante.

Miguel Angel estaba tan absolutamente seguro de su vocación en la vida, que cuando era joven firmaba las cartas que escribía a su padre poniendo a continuación de su nombre la palabra «Scultore». Una de sus oraciones comenzaba así: «Señor, haz que siempre pueda desear más de lo que cumpla.» A menos que usted comience —y continúe— pensando de esta forma, estará parado o, peor, descendiendo.

J. C. Penney, que contaba ochenta años cuando visitaba sus almacenes de Lauderdale en 1963, dijo en esta ocasión: «Mi vista puede estar fallando, pero mi visión es más penetrante que nunca.»

PERMANEZCA AL TIMON

El fracaso llega después del éxito cuando alguien deja de hacer las cosas que proporcionan ese éxito: deja de apuntar, cae dormido; deja de darse cuenta de que su pasado le proporciona simplemente el instrumento de la experiencia con la que construir un futuro mejor. No le importa nada, y donde antes había esperanza y entusiasmo sólo queda aburrimiento, insatisfacción, resentimiento, depresión y hastío. Quizá no esté físicamente muerto, pero tampoco puede decirse que esté vivo. Las personas que se aburren nunca son felices y mueren jóvenes. Para triunfar nunca debe perderse de vista el objetivo principal.

SUS MOTIVOS

Todos tenemos apetencias, pero no se detenga ahí. Una apetencia es un deseo al que le falta energía, y si fuera suficiente con tener apetencias todos estaríamos aureolando éxito. Analice cuidadosamente sus apetencias: seguro que una de ellas es más importante que las otras; aliméntela hasta que se convierta en una ilusión; emplee entonces todos los medios posibles para transformar su ilusión en un deseo lo suficientemente fuerte para que se convierta en una meta, y finalmente querrá que su meta se convierta en un deseo intenso.

¿Cómo convertir una apetencia en un deseo? Ahora ya sabe cómo sacar partido de su mente interior y hacer que ésta trabaje para usted, y conoce también los resultados finales de la repetición. Además, si pensamos en ello, un hombre aburrido, indolente e improductivo es sólo una persona a la que le faltan motivaciones adecuadas. No podemos esperar una actuación ni unos resultados de nadie, incluidos nosotros mismos, sin que haya motivos que inspiren al individuo. Los motivos son razones. ¿Cuáles son sus motivos? ¿Qué es lo que estimula sus deseos? ¿Es el amor el más poderoso de todos los motivos? ¿Es simplemente el dinero que le permite el tiempo libre que anhela y la seguridad económica suya y de su familia? ¿Hay una semilla en su interior que pida honor y fama para que sus compañeros le admiren? Una gloriosa vida eterna constituye un motivo poderoso. Tenga cuidado si es una fuerza poco deseable la que le espolea: por sí sola no puede brindarle la felicidad y paz de mente, tan esencial para el éxito verdadero. Asegúrese igualmente de canalizar adecuada y constructivamente esta fuerza si su motivo es el poderoso sexo. El hambre, o el recuerdo de hambre y pobreza, puede ser un incentivo. Pero si su fuerza impulsora es el odio, la venganza, los celos, la envidia o la lujuria, nunca conseguirá nada que esté relacionado con la auténtica felicidad.

Cuantos más motivos le impulsen, más seguro estará de su trayectoria y será más probable que su fuerza atraiga a personas y oportunidades y que cree circunstancias que conduzcan a resultados rápidos y seguros. Sus motivos son los pilares que sostienen la meta adonde quiere llegar y constituyen una fuente directa de ambición y del entusiasmo necesario para todo tipo de éxito. Alguien dijo una vez que si usted es realista buscará resultados, pero los grandes hombres han buscado siempre motivos. Si usted busca motivos, estará siempre inspirado: son éstos los que hacen alcanzables los objetivos. Cualquiera que sea la raíz de su deseo, reconózcala y asegúrese que es de naturaleza beneficiosa y constructiva. Entonces, dentro de los límites de la seguridad, déles rienda suelta.

CONTROL MATERIAL

En este capítulo sobre los objetivos se ha puesto especial énfasis sobre los beneficios materiales: se trata de algo intencional, más que accidental, ya que el mundo materialista en que vivimos requiere de todos nosotros que gocemos de una buena situación económica, pues cuando llegamos a tal situación desaparecen incontables problemas y dificultades en nuestra diaria andadura. La seguridad económica nos permite liberarnos para experimentar y gozar de las cosas estimulantes y provechosas de la vida. Tal vez esto nos permita hacer un viaje alrededor del mundo o gozar de la hospitalidad de la isla de nuestros sueños, o comprar la casa, el coche o el barco que deseamos; pero lo más importante es que le permite liberarse de la presión que atenaza a tantas gentes, romper las cadenas del temor o la preocupación económica y vivir de manera más total, relajarse y gozar del maravilloso mundo que Dios creó. El canto de un pájaro, un día soleado, el esplendor de la luna, una fresca nevada, un tiempo tranquilo..., intente apreciar estos regalos con los acreedores pisándole los talones. Y en otros empeños, este principio también permanece. Ya sea en la búsqueda de una compañera para la vida, ya en la de la salud de la mente y del espíritu, *su mente interior no hace preguntas, sino que le ayudará en cualquier cosa que desee.*

ESCRIBALO

Cuando conozca su meta y la importancia que le atribuye, confírmelo por escrito y especifique el tiempo que se da a sí mismo para conseguir el fin propuesto. Después extracte la descripción de su objetivo en tan pocas palabras como sea posible y explique los motivos. Tal vez baste una pequeña tarjeta; también puede copiar el formulario del capítulo final de este libro, que ha demostrado ser útil en muchos casos.

Llegados a este punto, puede estar tentado de decir que es pueril o que no ve la necesidad o la importancia de poner su objetivo por escrito, o que está seguro de poder recordarlo. Pero, créame, esta actitud ha sido un escollo incluso para el más inteligente. Con papel y lápiz en la mano se verá obligado a ser específico. Su meta así definida progresará de lo confuso a lo concreto. Su mente interior recibirá una imagen clara y definida de lo que desea exactamente, y tendrá, por tanto, instrucciones precisas sobre las que actuar.

LA VIUDA

Una conocida mía, viuda, deseaba casarse desde hacía tiempo. Al no haber tenido suerte, se decidió hace un año a intentar llevar a cabo el sistema explicado aquí. La diferencia era sólo que el deseo que expresaba era tener su propio hombre. Unos tres meses más tarde se casó: y menos de siete meses después, tras una amarga experiencia, se divorció. Los fuertes deseos y la impaciencia anularon el sentido común; había especificado el objeto de sus deseos; un hombre —cualquier hombre—, sin definir los rasgos de personalidad ni las aptitudes de su pareja, como Emerson advertía astutamente: «Ten cuidado de aquello a lo que entregas tu corazón; es seguro que lo obtendrás.»

SANFORD CLUTT

Una historia muy diferente es la de «Stretch y Fletch», el inventor del tejido «sanforizado» que no encoge y del papel «Clupak», que se estira antes de romperse. Cuando tenía catorce años y Sanford Clutt era todavía soltero, aunque no quería casarse aún, había hecho una lista de todos los rasgos que, en su opinión, caracterizaban a la esposa perfecta, y se negó a conformarse con menos. Hasta los cuarenta y dos años no encontró lo que buscaba; a esta edad descubrió a Camilla Rising, de dieciocho años. Tuvieron cuatro hijos, y ahora, cincuenta años más tarde, siguen casados y son felices.

MEMORIA LIMITADA

Existen otras razones por las que no conviene dejar el registro de su meta sólo en manos de la memoria. Su memoria no siempre le servirá, pues a menudo se ve paralizada por las tribulaciones, problemas y situaciones adversas de la vida diaria. El problema inmediato es el que llama su atención, el que le absorbe y ahoga su visión del mañana, y una afirmación escrita atraerá su atención y servirá de recordatorio. Le ayudará a mantenerse en movimiento, a no atascarse en el lodo de lo cotidiano. Le ayudará a enfocar su atención y concentrarse en todo momento en la meta que tiene delante de usted. Para convertirse en un ganador es necesario que se lo recuerde a sí mismo continuamente. Debe ser tan constante en su objetivo como la aguja de una brújula, siempre volviendo a su posición de manera firme y constante.

CONCENTRACION... CONCENTRACION... CONCENTRACION...

La concentración es la clave de cualquier tipo de éxito, y desbloqueará los poderes latentes existentes en su interior. Frecuentemente somos molestados y nos distraemos por circunstancias imprevistas, olvidando enfocar —y la concentración significa precisamente esto, enfocar a un determinado punto o hacer que la atención se dirija a él—. Uno de los grandes usurpadores del éxito en cualquier sendero de la vida es la falta de concentración.

Su atención es como el rayo de luz de un reflector: extendido sobre un área extensa, se debilita y pierde su poder de enfocar a un objeto determinado; reduzca el haz y enfoque al objeto y su fuerza se intensificará enormemente. Todos los grandes hombres y mujeres saben cómo enfocar. Han estudiado la concentración. Para ellos, fijar su mente en un objeto en un momento dado constituye un hábito. Pocas personas saben realmente concentrarse; muchas no comprenden el verdadero significado de la palabra, y no se dan cuenta de que la falta de concentración es la raíz del fracaso, haciéndoles bajar la guardia, cayendo a diario en multitud de distracciones.

Cuando los rayos del sol se concentran mediante un cristal de aumento tiene lugar un intenso calor y, finalmente, fuego. De igual manera, la fuerza poderosa de su mente puede dirigirse y enfocarse; pero si usted permite que las distracciones le despisten podrá conseguir muy poco.

OTRA SUGERENCIA

Como una columna que sostiene la regla de la repetición, y como una ayuda adicional para impresionar lo que usted quiere en su mente interior, puede dibujar una imagen simple, pero clara, de su objetivo, y ponerla en un lugar donde le sea posible verla varias veces al día. Si su objetivo puede ser fotografiado, hágalo; pero de cualquier forma es importante que cada vez que lo vea actúe en usted como un recordatorio. Coloque la imagen en su dormitorio, en una pared del cuarto de aseo, en el tablero de instrumentos del coche, y otra en el cajón de su mesa de trabajo. Es importante que tenga en todo momento su objetivo principal fijo en la mente. Para destacar como ganador es necesario que lo recuerde constantemente —día y noche—, y no hay mejor momento que ahora mismo.

¿QUIEN CONDUCE A QUIEN?

Seguramente habrá deseado hacer cosas en el pasado que nunca llegaron a materializarse; pero las oportunidades nunca estuvieron realmente dentro de usted: no estaban firmemente registradas en su mente, ya que no se había formado el hábito de la visualización —ver materializarse su objetivo hasta el punto de que estuviera pensando, actuando, hablando, comiendo y durmiendo, como si ya lo poseyera—. Nunca alcanzó el punto en que sus esperanzas y deseos le condujeran, en lugar de tener que conducirlos usted.

Sin la visualización real de su meta no podrían desarrollarse el deseo ni el ansia. Usted tenía una vaga idea de lo que quería, pero no lo *sentía* realmente. Esta sensación era muy importante, pero se marchitó por falta de riego. Esta vez ponga sentimiento y emoción en su repetición, su sugestión y su deseo; en seguida su mente interior lo convertirá en parte de usted, y nada podrá hacerle retroceder. Esta estructura mental, poseída por un deseo establecido, concentrado, constructivo, atraerá a las personas como un imán a hilos de acero; cuanto más fuerte sea el deseo mejor será su poder de atracción y más pronto deseará descubrir su forma concreta. La repetición es la madre de la memoria, pero es también la madre del hábito. Gracias a la repetición, la tendencia habitual del pensamiento crece fuerte e inexpugnable, y los hábitos formados en el subconsciente perfilan su futuro atrayendo oportunidades similares.

EL PRIMER PASO TIENE MUCHA IMPORTANCIA

El más andrajoso vagabundo puede decirle: «Si los deseos fueran caballos, los mendigos cabalgaríamos.» No se detenga en el deseo. Respalde sus intenciones con la acción. Ahora, después de un cuidadoso análisis, usted conoce su dirección y sus razones para desear viajar por esa ruta. Al igual que un buen soldado, sepa que toda estrategia militar básica consiste en valorar la situación, escoger una acción rechazando todas las alternativas, y perseguir la decisión original con la máxima actividad.

Tenga presente que un viaje de miles de kilómetros comienza con un paso, y que para subir a lo alto de una escalera se comienza por el primer peldaño. Arriésguese y suba el primer peldaño sabiendo que ello no es suficiente para continuar. No piense en las cosas que no pueden hacerse; concéntrese en las que son factibles, y dé por sentado que no fallará. Suba cada peldaño en su debido momento. El éxito depende de dar bien todos los pasos; poco a poco, centímetro a centímetro, conseguirá su objetivo. Mantenga clara su bola de cristal para poder ver el futuro. Sepa que el muchacho que levanta el becerro hoy será el hombre que levante el toro mañana. El mayor error que puede cometer el hombre es hacer poco porque sepa poco. Los obstáculos que uno se imagina en el camino suelen desaparecer o minimizarse mucho si nos acercamos a ellos. Son exactamente los mismos que vimos la primera vez, pero a medida que se viaja por el camino uno se crece: ya no son dignos de nuestra atención y pasamos simplemente de largo.

«Incluso cuando su copa esté vacía y lo único que le quede sea una meta, siga en su empeño y poco a poco su copa se irá llenando.» Si le faltan conocimientos, sustitúyalos mediante la determinación. Comprométase. Puede que no tenga la menor idea de lo que ha de venir, pero a medida que vaya caminando se le irá abriendo el camino. Use los instrumentos que ya posee y descubrirá —como miles de personas antes que usted— que se acumularán, según va caminando, los instrumentos de la experiencia, autoconfianza, conocimiento y sabiduría.

No cometa el grave error que muchos cometen de no hacer nada porque imagine problemas futuros. Saque el máximo partido de los medios que tenga a su alcance y, con la misma seguridad con que después de la lluvia sale el sol, la victoria será suya.

No hace mucho tiempo le pregunté a una columnista muy popular y premiada si nunca se le acababan las ideas. «Desde luego —me respondió—, soy tan humana como cualquier otra persona.» Después le pregunté cómo se las arreglaba para llenar su columna todos los días, incluso cuando no tenía ideas. Contestó como si la respuesta fuera obvia: «Me siento a la máquina de escribir, pongo una hoja de papel y comienzo a teclear; nada más. En seguida me surge alguna idea y lleno mi columna. «No se salga de su camino. Encontrará la solución a su problema dentro del mismo problema. Incluso cuando parezca muy negro, siempre hallará algo de luz. Paso a paso, la respuesta se va desvelando. Cuando quiera escalar una montaña, empiece a escalar. Si tiene que medir su altura, no lo haga hasta que llegue a la cumbre. Entonces verá que, después de todo, no era tan alta.

EL GENIO NO NACE

No deje que su mente y sus emociones se bloqueen para cristalizar en falta de resolución. Los fracasos están llenos de buenas intenciones. Decida hacia dónde se dirige y comience a moverse. No pertenezca al tipo de persona que dice «Me gustaría, pero...», o «Si por lo menos...». Sea de los que no buscan seguridad, sino una oportunidad, ya que éstos son los que encuentran la seguridad. Mire hacia arriba, no hacía abajo. Tenga pensamientos elevados y manténgase en movimiento.

Indudablemente, la minusvalía física más temida es la ceguera: sentimos que nos haría depender totalmente de los demás. Sin embargo, no son las minusvalías físicas las que hacen que el hombre sea inútil sino más bien su minusvalía emocional, su facilidad para rendirse cuando se enfrenta a la adversidad.

John Vanlandingham, de Phoenix (Arizona), ciego desde los cinco años, nunca se hubiera convertido en abogado, y no estaría intentando, en el momento de escribir este libro, ser procurador general de Arizona si hubiera confiado en «síes» o «peros». Como J. C. Penney, pero con un ejemplo más gráfico. Vanlandingham dice: «Ser ciego puede limitar su vista, pero no interferir en su visión.»

Franco Edgecombe, aunque estaba totalmente ciego, fue durante cincuenta y tres años el editor y redactor jefe del *Nebraska Sentinel.*

Otro ejemplo de que la ceguera no puede acabar con la determinación es el caso de Willian J. Shoemaker, Jr., que hizo la carrera de pedagogía en el Gettysburg College. Cuando Shoemaker fue por primera vez a esa institución con la intención de convertirse en profesor, Russell Rosenberger, que dirigía el departamento de pedagogía, se mostró escéptico respecto a su educación. «Pero pronto me di cuenta de que esta determinación de convertirse en profesor era mucho más fuerte que todos los obstáculos con que se enfrentaba», dijo Rosenberger. Tropiezos tales como «Me gustaría, pero...» o «Si por lo menos...» no formaban parte del carácter de Shoemaker.

Otra persona que no midió la montaña hasta que estaba en la cima fue Thomas de Shall, senador durante once años por Minnesota. Totalmente ciego, era un experto en tiro con pistola y en carreras de caballos de vallas.

Ninguno de estos hombres hubiera logrado lo que logró de no haber controlado su actitud mental. Es suyo ese espíritu inconquistable que se resiste a ser vencido, la fortaleza emocional que forma parte de la substancia de los verdaderos héroes, que no son aquellos que llevan a cabo un acto de valentía momentáneo y casual, sino los que, con optimismo fuerte y resistente, tienen fe en sí mismos y en lo que pueden hacer, los que se enfrentan los desafíos y prosperan en ellos.

«Los genios no nacen, se hacen.» Haga que surja el genio que lleva dentro manteniéndose en movimiento, haciendo caso omiso de los «no pudo». No se aparte de su camino y todo sucederá. No haga nada y no sucederá nada. Es importante seguir la pista correcta, pero si lo único que hace es permanecer donde está puede estar seguro de que le pasarán por encima y le aplastarán.

EL PRECIO QUE HAY QUE PAGAR

Para dar este primer paso, de vital importancia, debe tener un plan. Usted conoce ya su objetivo final, y la fuerza del deseo que tiene por conseguirlo se mide, o se expresa, mediante la cantidad de tiempo y esfuerzo que está dispuesto a poner en juego. Cuando no se hace nada no se obtiene nada. Intente simplemente permanecer donde está. Métase las manos en los bolsillos y limítese a contemplar la marcha del mundo; desde luego, seguirá marchando sin usted. Existe un precio para todo, pero merece la pene trabajar para conseguir cuanto sea valioso. Una gota de hechos se registrará en la escala de los éxitos más pronto que un océano de palabras.

T. S. Eliot, ganador del premio Nobel, dice; «No piense en la cosecha, sino sólo en una siembra apropiada.» Cada año tiene usted 8.760 horas a su disposición; durmiendo ocho horas al día, le quedan aún 5.840 para hacer lo que le plazca. Edison comentaba en una ocasión: «Si se hubiera inventado la semana laboral de cuarenta horas cuando yo era joven, nunca hubiera conseguido mi éxito actual.» Su destino vendrá determinado por la forma en que llene estas horas. Si lo único que persigue es la inmediata satisfacción de los caprichos de sus sentidos, y sus intereses no van más allá de su comodidad actual, este enfoque de la vida no fue hecho para usted. No sea como el vendedor que intentaba vender sin visitar a sus clientes: fue un completo fracaso.

Su trabajo y su vida en general no son cosas que usted encuentre por la manaña en la misma forma en que las dejó la noche anterior. Hacer progresos está dentro de la naturaleza del hombre, y si no se progresa se crean tensiones e insatisfacciones. Alguien advirtió humorísticamente en una ocasión: «No deje de buscar trabajo por el mero hecho de que ya lo tenga.» Manténgase en movimiento. Haga que su trabajo y el precioso regalo de la vida sean importantes para usted, y descubrirá que el favor le es generosamente devuelto.

La vida es un don muy precioso: no la eche a perder. Sacrificarse es perder algo a cambio de otra cosa mejor; en muchos casos, podemos pasar perfectamente sin ello. Si no da el primer paso para «sacrificarse», su meta no tiene el motivo adecuado y no es lo suficientemente importante para usted.

EL ESFUERZO ESTA RECOMPENSADO

«Compre ahora y pague después» es la tendencia en la era moderna de las tarjetas de crédito; pero las leyes universales se guían por el sistema. Si usted desea cualquier tipo de éxito económico, físico o espiritual, hay que pagar su precio por anticipado. Dinero es, ni más ni menos, el resultado de su rendimiento mental y físico. Hay que dar para obtener. Si quiere recibir en abundancia, debe dar con liberalidad. La regla —la ley de recibir— no existe sin dar: cuanto más haga más ganará, y sus ingresos subirán hasta rebosar.

Demasiadas personas que trabajan en casi todas las profesiones cometen el mismo error: se venden a sí mismas cuando nadie mira; nadie sabrá cómo rinden y producen. Pero al igual que esas personas que dicen a todo el mundo que están a dieta y van a hurtadillas al refrigerador cuando no las ven, no engañan a nadie. Es mucho después cuando los demás empiezan a notar los resultados —o la ausencia de los mismos—. Si una persona gana 150 dólares a la semana, puede estar seguro de que tiene que producir 150 dólares por semana tanto si le ven como si no, pues de lo contrario la ley de las compensaciones le cazaría y perdería su trabajo o disminuirían sus ingresos. Por otra parte, si trabaja más y produce 200 dólares a la semana, el reflector se encenderá sobre él y la ley de las compensaciones funcionará igualmente; pronto recaerá sobre él la mirada de sus superiores, y si no le compensan por este tiempo y energía adicional, algún otro lo hará.

Aun cuando nadie esté observándole, ponga toda la carne en el asador cuando trabaje: estará mucho más satisfecho. Hágase digno de un aumento, y la ley de las compensaciones no le negará su recompensa. El momento decisivo probablemente no surja en cuestión de quince días, pero con un poco de paciencia y persistencia será generosamente recompensado.

Nadie puede escapar al resultado de sus acciones. Si se queda a medio camino y deja de sembrar y cultivar nunca alcanzará su meta, y lo conseguido hasta entonces se perderá. Un jugador de pelota nunca se clasificará si deja de correr cuando alcanza la tercera base. ¿Y qué pasaría si un capitán pilotase su barco hasta la mitad de su destino y después lo abandonase? No deje lo que ha comenzado a medio camino o pronto se verá a la deriva.

SU PLAN DIARIO

Emplee todos los medios posibles para ascender a la cumbre. Haga que estén absolutamente claros para usted los fundamentos para alcanzar su meta y, de nuevo, la única forma de conseguirlo es ponerlos por escrito, forzándose a sí mismo de esta manera a ser exacto, eliminando el enfoque fortuito, poniendo de manifiesto cualquier defecto que pudiera tener su forma de proceder y dejándole un sendero absolutamente claro para su actuación.

Por supuesto, su plan global se divide en planes diarios. No amanezca nunca sin un plan para el día; éste no puede, desde luego, ser fiable al 100 por 100, y frecuentemente se verá obligado a hacer otro nuevo, ya que aunque su plan parezca infalible y usted sepa exactamente hacia dónde se dirige, la vida suele hacernos tropezar y caer en circunstancias imprevisibles. Siempre que necesite un nuevo plan, no dude en hacerlo. Trácelo paso a paso por escrito. Aunque se encuentre desanimado y no esté en ese momento inspirado, sea consciente de que, poniendo por escrito el nuevo plan, hará que sus pensamientos vayan por la pista adecuada y creen nuevas ideas; su humor cambiará y estará dispuesto a llevar a cabo su cometido. No hay nada fortuito en ello; sabrá hacia dónde se dirige.

Una de las mayores compañías de Estados Unidos, cuyo capital ha aumentado constantemente, y que ha llevado a cabo varias escisiones, construyó su imperio poniendo especial énfasis en la importancia de seguir un plan. Todos los empleados deben entregar cuando salen un plan por escrito para el día siguiente, además de una copia que refleje los resultados del plan diario. No sólo la compañía se ha beneficiado de la adhesión estricta a esta regla, sino también los empleados.

Posiblemente no haya nadie que le esté supervisando estrechamente para decirle lo que debe hacer, pero no tiene excusa alguna para no hacer nada. Supervísese a sí mismo, contrólese. Sin un plan que le indique dónde debe comenzar y lo que tiene que cumplir durante el día, las posibilidades de conseguir lo que se había propuesto son muy limitadas. El vendedor, el ama de casa, el viajante, el profesional, el hombre de negocios: nadie debe empezar el día sin un plan, y menos aún prescindir de su plan para enfrentarse a su desafío.

No intente nunca cambiar su meta, pero puede —y debe— alterar y modificar, de cuando en cuando, el método para alcanzar esa meta. Los conceptos globales permanecen fijos hasta obtenerlos; luego se avanza hacia otra cima mayor.

COMIENCE Y NO SE DETENGA

Usted está preparado para poner manos a la obra: ¡hágalo! Ponga en práctica su plan. ¡Despegue! Es importante mantener siempre su plan en movimiento. No deje que pase ni un solo día sin dar por lo menos un paso adelante en la consecución de su meta. Su enemigo más antiguo, la falta de resolución, se halla siempre al acecho, siempre dispuesto e impaciente por derribarle. No permita que lo haga. La constancia en su actuación es el mejor medio de mantenerlo alejado y de ponerle a usted en el camino de unos días más luminosos, felices y ricos. La falta de resolución y la indecisión están estrechamente relacionadas: juntas constituyen poderosos fertilizantes de las preocupaciones y de las autolimitaciones. Estas, a su vez, cristalizan fácilmente en miedo, temible asesino de la felicidad y del progreso. La muerte de éstos crea autocompasión, que a su vez produce depresión e insatisfacción, creándose un círculo vicioso.

Comience a apuntar y respalde su objetivo con un plan de actuación: se convertirá súbitamente en una persona distinta, capaz automáticamente de dirigir a otras personas y que renunciará a permanecer en la mediocridad. Si antes le resultaba difícil poner en orden su mente, ahora habrá agudizado esta habilidad al saber hacia dónde se encamina. Usted actuará como un polo magnético de nuevas ideas, oportunidades y personas. Fortalecerá su determinación y desarrollará un impulso interior que le espoleará a hacer más cosas. Sin una meta no podrá conseguir que la actitud mental positiva, el entusiasmo, la iniciativa y la paz mental se conviertan en parte de sí mismo. La meta construye y moldea un carácter fuerte y confianza en uno mismo. Tiene gran importancia, pues le brinda un motivo para vivir y hace que desee la vida. Estos no son los únicos resultados, pero sí un poderoso incentivo que hace que los hombres no se permitan vivir sin un objetivo. Sin una meta, usted irá a la deriva sin recibir ninguna de las cosas maravillosas que la vida ofrece; la oportunidad pasa a su lado.

UNA DOBLE PRUEBA

Llegados a este punto, habrá tenido tiempo para decidír hacia dónde se dirige. Las dimensiones de su meta pueden utilizarse como medida para su confianza en sí mismo.

Imagine tres hombres viajando por la misma carretera, que vienen después a contarle lo que han visto y experimentado: el primero tiene su vista dirigida hacia abajo y sólo puede contarle cosas acerca de las cunetas, la suciedad y las zanjas; el segundo dirige su mirada hacia delante y tiene una feliz historia que contarnos: flores, árboles, sana vegetación y personas moviéndose entre ella; el tercero, sin embargo, que dirigió su mirada hacia arriba, puede hablar de cosas más grandiosas: de cimas, de montañas, de estrellas y de la magnitud y esplendor del universo entero. Al mirar hacia arriba ha logrado la inspiración necesaria para pensar y actuar con amplitud de miras, siguiendo el único sendero mediante el cual el hombre puede descubrir y conocer sus propias e ilimitadas posibilidades.

Indague en su interior una vez más; asegúrese de que no lo ha hecho con demasiada facilidad, apartando el desafío. Por otra parte, es posible que en la primera ocasión esté alcanzando un bocado demasiado grande al escogerse a sí mismo. *Pero si piensa que puede, es que puede.* No se trata de un juego de palabras. Sus circunstancias actuales-económicas, físicas, mentales y espirituales están relacionadas directamente con las limitaciones que se haya impuesto. Dése crédito a sí mismo y haga que el desafío sea digno de su capacidad. William Shakespeare lo vio de esta forma: «Los logros de un hombre deben superar a su capacidad. Si no fuera así, ¿para qué estaría el cielo?» Y alguien dijo también: «Apunta a una estrella; quizá no la alcances, pero por lo menos no vendrás lleno de barro.»

Sólo este capítulo, si le presta atención, puede resultar decisivo en su vida; pero antes de terminar debo advertirle que sea reservado en todos los sentidos en que pueda interpretar esta palabra. Siga por su camino y no preste oídos a lo que otras personas digan y piensen de usted. No les comunique su meta: le abrumarían con consejos y opiniones, el 99 por 100 de las cuales son perjudiciales y van en su contra, aun cuando estén probablemente bien intencionadas. Esto incluye a amigos íntimos y familiares, abuelos, tíos, sobrinos, hermanos y hermanas.

Un ejemplo típico de este problema es el del sobrino soltero de veintisiete años de edad de Ed Gunter, gran terrateniente de Florida. El sobrino de Ed, que vivía al norte, había crecido rodeado de negocios toda su vida; los conocía bien y tenía habilidad, y se le presentó una oportunidad excelente para hacerse cargo de una fábrica dedicada a la manufactura de piensos.

Esto significaba sólo trabajo, pero también, al cabo de unos años, unos ingresos anuales de 30.000 dólares.

El sobrino se apresuró a dar a conocer en su casa la noticia con entusiasmo, pero lo primero que dijeron sus hermanas fue: «Es maravilloso, pero tú no querrás estar siempre en ese sucio negocio, ¿no?» Su madre le dijo que esperaba que hiciera lo que considerara correcto. Algunos de sus bien intencionados amigos expresaron su opinión de que el negocio de los piensos estaba acabándose en esa zona y que no tenía futuro. Ed llegó de una visita de negocios dos días más tarde, y al enterarse del asunto aconsejó a su sobrino que se hiciera cargo del negocio sin dudarlo dos veces. Con una nueva inspiración, el joven se apresuró a establecer un brillante futuro aceptando el trabajo; pero, muy a pesar suyo, la oferta no seguía en pie. Alguien había aceptando en su lugar.

Revele y discuta sus planes exclusivamente con aquellas personas de las que tenga la absoluta certeza que están en armonía con usted y con sus objetivos. Desde luego, este intercambio estimulará, su actuación. Fórmese el hábito de mirar y buscar siempre los lados positivos de una nueva idea. Razónelo y tome la decisión por sí mismo. Después examine los puntos favorables por los que el asunto tendrá que funcionar, ya que todos estarán dispuestos a decirle por qué no funcionará.

EL EXPERIMENTO

No hace mucho tiempo, veinticinco personas maduras, en un experimento para medir las reacciones de la gente, mostraron un líquido limpiador milagroso a sus amigos. Desde luego, el producto era ficticio. Viva y entusiastamente, explicaron a sus amigos su nueva empresa. Nadie pudo informar que hubieran sido respaldados en su plan: las cien personas, aproximadamente, a las que se expuso el asunto habían recibido esta idea del líquido limpiador maravilloso (que con una planificación adecuada podría haber sido un gran éxito) con observaciones negativas.

No hable sobre el asunto que se trae entre manos; mantenga la boca cerrada. Otra desventaja de hablar sobre lo que va a hacer es que le puede agotar. Es como el vendedor que sale a las diez para tomar un café: sus palabras grandilocuentes nunca pasan de la etapa de la charla y no hace su primera visita hasta después del almuerzo.

NO PERMITA PENSAMIENTOS NEGATIVOS

A lo largo de los años —ahora y siempre— lo que cuentan son los hechos, no las palabras. Incluso la máquina de vapor antigua funciona mucho mejor y es más potente si se cierran las válvulas que emiten vapor. Hacer sonar el silbato supone una pérdida de vapor. No hay dos personas que piensen igual. Todos somos diferentes, y nuestras vidas deben pertenecer únicamente a nosotros.

No deje que los demás le digan lo que tiene que hacer. ¿Cómo pueden saber lo que es mejor para usted? No espere su consentimiento para actuar. Cuando un ciego lleva a otro ciego, los dos acaban en la misma zanja. Es como la ballena atlántica, que emigra en bancos de cientos de individuos. Siguen ciegamente a su líder y quedan a veces varadas en una autodestrucción en masa. Piense por sí mismo. Respete los derechos y sentimientos de los demás, pero no confíe en su juicio. Lo que es cierto para ellos puede ser equivocado para usted, dejándole insatisfecho y, en la mayor parte de las ocasiones, destrozado. Recuerde que si usted proclama hacia dónde quiere llegar, nunca llegará. Sea individualista. Cuando tenga un pensamiento o una idea, piense en él por sí mismo, y después, si parece adecuado, actúe en consecuencia. ¿Revelaría intencionadamente sus metas y planes personales a alguien que podría interferirse en su camino?: desde luego que no. Entoces no comprometa su entusiasmo actual y futuro exponiéndose a estas influencias negativas. Mantenga su boca cerrada, no ceje y no permita que el medio le controle. Los demás no sufrirán las consecuencias de su falta de actuación o de los efectos de sus actos, y desgraciadamente, no suelen aparecer cuando se enfrenta a problemas y obtáculos o necesita ayuda.

Por otra parte, si encuentra a un amigo que simpatice con sus ideas y ambiciones, podrá obtener una gran inspiración y estímulo. Desde luego, con un amigo como ése, discuta sus planes.

EL CONOCIMIENTO SIN ACCION NO SIRVE PARA NADA

¿Ha progresado algo durante el pasado año, o simplemente se ha hecho más viejo? ¿Qué le espera el año que viene? Si no está satisfecho de cómo le han salido las cosas y cómo son, siga el consejo dado aquí y cambie las cosas que están por venir. Existe una forma correcta de hacerlas, así como docenas de formas equivocadas. En cualquier cosa en la que desee tener éxito, siga el método aquí indicado y habrá puesto las primeras piedras en la construcción del edificio del éxito.

Usted ha leído hasta aquí porque es ambicioso y desea más de la vida. No cometa el error de tomar estos capítulos como un objetivo: sólo constituyen un medio para llegar a un fin. Sea su propio juez respecto a cómo funcionará todo esto en usted. *Y no aplace las decisiones*. Inténtelo ahora: se alegrará de haberlo hecho. Todos los deseos y conocimientos del mundo no tienen valor sin la acción.

9

PERSONALIDAD

LA MAYOR HABITACION

Nos solemos divertir analizando a nuestros semejantes, pero perdemos nuestro tiempo en la persona equivocada. No puede existir progreso sin autoanálisis. Los instrumentos principales son una honestidad y humildad suficientes para aceptar el hecho de que la mayor habitación del mundo es la que aloja las posibilidades de mejora de uno mismo. Debemos reconocer nuestro dilema para poder solucionarlo alguna vez, y puesto que nadie está satisfecho en un 100 por 100 con su vida, vayamos directamente a la fuente y hagamos algo para esclarecer esto.

EL CONOCIMIENTO, CONSIDERADO AISLADAMENTE, ES PESO MUERTO

Para conseguir el éxito es necesaria su cooperación. No se limite a leer este capítulo. Póngalo en práctica. Examínese y analícese a sí mismo y descubrirá lo importante que es. El conocimiento aislado es, sin embargo, peso muerto. Su primera tarea, en palabras de Emerson, es «respetar en todo momento las verdades mediante su uso». Ponga algo de acción en la eliminación de sus imperfecciones y deficiencias, y pronto no necesitará excusas.

LOS «SECRETOS PARA EL EXITO»

El conocimiento hace que seamos conscientes de la necesidad de mejorar. Mire en su interior, analícese, sea completamente honesto y estará utilizando este «secreto» vital para el progreso y el logro. La instrospección es un espejo que revela su realidad, proporcionándole una visión que nadie le podría proporcionar. «Pone al descubierto el alma desnuda» y le permite ver su verdadera condición. Extraiga su yo verdadero; haga que salgan sus buenas y malas tendencias, y mientras usted está allí, diagnostique sus fallos y las imperfecciones que le estorban. Para ayudarle en su búsqueda, más adelante encontrará una tabla de rasgos deseables e indeseables mediante la cual podrá medirse. Sus puntuaciones contribuirán a señalar en qué reside su debilidad y a alertarle respecto a ésta. Los rasgos negativos de su personalidad no estarán ya ocultos para usted, sino más bien al descubierto, dispuestos para que les plante batalla.

SU PERSONALIDAD EN ACCION

La ignorancia de sí mismo es un gran enemigo de su progreso futuro, de su felicidad y prosperidad. Por eso, para ser consciente de una mejora, *SEPA LA VERDAD.* Descubra en qué consisten sus resistencias y obstáculos.

Tome un lápiz, sea sincero consigo mismo y descubra su personalidad —sus buenas y malas cualidades, sus tendencias positivas y negativas—. Vaya a trabajar por propia iniciativa con la consciencia de que un gramo de personalidad es tan valioso como toneladas de trabajo pesado. Invierta las próximas horas con mucho cuidado, pues quizá se conviertan en las más importantes y productivas de su vida.

Si es posible, haga que su cónyuge o un amigo o familiar le ayude: solemos ser más bien blandos con nosotros mismos. Si en determinado momento le irrita la franqueza de su juicio y análisis, recuerde que un verdadero amigo le ama por lo que es, a riesgo de que sea honesto con usted en su búsqueda de la superación personal.

Todos los rasgos que se citan en la tabla son parte de su personalidad; cada uno de ellos tiene su valor y puede que sólo uno sea su barrera oculta.

Cuando se clasifique, las puntuaciones totales, combinando positivas y negativas, deben dar un total del 100 por 100. Analícese hoy en la columna 1 y dentro de ocho semanas en la columna 2, para comprobar su progreso.

Fecha del análisis:

	Columna 1 %	Columna 2 %		Columna 1 %	Columna 2 %
POSITIVO			NEGATIVO		
1. ¿Apunta hacia un objetivo?	X		¿Se deja llevar por la corriente día tras día?		
2. ¿Voluntad fuerte?	X		¿Voluntad débil?		
3. Valor: ¿Habitualmente valiente?	X		¿Habitualmente tímido?		
4. ¿Generalmente apreciado por los demás?	X		¿Generalmente no apreciado?		
5. ¿Pensamiento positivo?			¿Pensamiento negativo?	X	
6. ¿Perseverante y persistente?			¿Inconstante?	X	
7. ¿Se puede confiar en usted?	X		¿Informal?		
8. ¿Abnegado?	X		¿Egoísta?		
9. ¿Se da cuenta de sus capacidades y posibilidades?	X		No tiene fe en sí mismo		

POSITIVO	Columna 1 %	Columna 2 %	NEGATIVO	Columna 1 %	Columna 2 %
10. ¿Sincero?			¿Veleidoso?		
11. ¿Tranquilo y lógico?			¿Nervioso y a menudo irracional?		
12. ¿Tenaz?			¿Se rinde fácilmente?		
13. ¿Le resulta fácil hacer progresos?			¿Le resulta difícil hacer progresos?		
14. ¿Humilde?			¿Falso orgullo? ¿Arrogancia?		
15. ¿Puntual?			¿Generalmente impuntual?		
16. ¿Dispuesto a tomar decisiones firmes y duraderas?			¿Le resulta difícil decidir?		
17. ¿Metódico?			¿Falto de resolución?		
18. ¿Cortés?			¿Sólo es cortés cuando resulta conveniente?		
19. ¿Optimista?			¿Pesimista?		
20. ¿Tiene confianza en sí mismo?			¿Lleno de dudas, preocupaciones y limitaciones que usted mismo se impone?		
21. ¿Afecto hacia sus colegas?			¿No le importan sus colegas?		
22. ¿Controla el yo?			¿Su yo se siente fácilmente herido?		
23. ¿Entusiasmo?			¿Falto de inspiración interior?		

POSITIVO	Columna 1 %	Columna 2 %	NEGATIVO	Columna 1 %	Columna 2 %
24. ¿Escucha a los demás?			¿Interrumpe con frecuencia a los que hablan?		
25. ¿Hábito de intentarlo dos veces?			¿Espera recibir sin dar primero?		
26. ¿Hace funcionar su mente antes de hablar?			¿Expresa opiniones y da consejos que no están basados en hechos?		
27. ¿Paciente?			¿Impaciente?		
28. ¿Sabe perdonar?			¿Guarda rencor? ¿Está lleno de odio y deseos de venganza?		
29. ¿Siempre animoso, feliz y alegre?			¿Melancólico, triste y deprimido?		
30. ¿Piensa con claridad? ¿Razona sus propias opiniones?			¿Se deja influir fácilmente?		
31. ¿Se controla a sí mismo?			¿Es esclavo de la conveniencia y de los placeres inmediatos?		
32. ¿Responsable?			¿Se olvida a veces de sus obligaciones?		
33. ¿Diplomático y lisonjero?			¿Brutalmente franco?		
34. ¿Coopera?			¿No coopera?		

POSITIVO	Columna 1 %	Columna 2 %	NEGATIVO	Columna 1 %	Columna 2 %
35. ¿Es honesto en todo momento?			¿A veces deshonesto?		
36. ¿Sentido de los valores?			¿Su discernimiento no llega al nivel normal?		
37. ¿Sentido del humor? ¿Es capaz de reírse de sí mismo?			¿Se compadece a sí mismo? ¿Se toma demasiado en serio?		
38. ¿Tiene una mentalidad abierta y es tolerante con todo?			¿Su mentalidad es demasiado cerrada y estrecha?		
39. ¿Fuertes creencias o filosofías de la vida?			¿Ninguna creencia ni filosofía con arreglo a la cual vivir?		
40. ¿Ecuánime?			¿Se enfada fácilmente?		
41. ¿Expresión placentera en el rostro cuando habla?			¿Frunce el ceño o mantiene alguna otra expresión facial de preocupación?		
42. ¿Tiene un tono placentero de voz?			¿Tiene un tono poco placentero de voz?		
43. ¿Tiene el hábito de planificar su día de trabajo?			¿Planifica poco o nada?		
44. ¿Es considerado?			¿Es inconsiderado?		
45. ¿Hace ejercicio y está en buenas condiciones físicas?			¿No hace ejercicio y no está en buenas condiciones físicas?		

ANALISIS

¿Ha sido usted habitualmente un fracaso o ha tenido éxito? Examine bien su puntuación y encontrará la respuesta. ¿Necesita cambiar? ¿Es necesario que su personalidad cambie por completo o sólo es preciso mejorarla?

«Hombre, conócete a ti mismo», se ha pregonado a lo largo de los tiempos. AHORA ACTUE SEGUN ESE CONOCIMIENTO.

ATENCION ESPECIAL

Algunos aspectos de la introspección requieren una atención especial: y uno crítico en sus sentimientos hacia las personas que están a su lado. Si quiere ser apreciado, la mejor forma y más duradera es que le agrade a la gente. En cualquier cosa que haga el afecto es necesario; en cualquier tipo de negocio, es seguro que las cosas saldrán mejor si sus posibles clientes tienen la sensación de que siente afecto por ellos que si no sienten calor ni contacto humano. Su propia forma de enfocar las cosas estará a un nivel completamente distinto; de hecho, toda la química de su cuerpo vibrará en un plano más alto.

CUATRO VECES Y MEDIA

Cuando yo estaba metido en el negocio de la importación de maquinaria para la industria textil tenía un vendedor que no tenía meta alguna. Había empezado con muchas esperanzas, pero pronto perdió su confianza cuando se dio cuenta de que su duro trabajo sólo producía un rechazo tras otro. Un día, dos meses después de comenzar, vino a mi despacho y se dejó caer pesadamente en una silla, completamente desilusionado. Acabada de llegar de una exhibición en la sala de tejidos de la fábrica de J. P. Stevens. Estaba sudoroso, grasiento, cubierto de hilas, ajado y derrotado —un completo desastre en su aspecto exterior, y aún peor en su interior—. Me miró, incapaz de controlar sus emociones. «¿Por qué? —Me preguntaba una y otra vez desesperadamente— ¿Por qué?» Y dos lágrimas asomaron en sus ojos.

No encontraba una respuesta que darle. Paseaba despacio por el despacho intentando desesperadamente pensar en algo que decirle. Y entonces, repentinamente, surgiendo de la nada, se me ocurrió algo. «Bob —le dije—, ¿sientes afecto por ellos? ¿Tienes un sentimiento cálido y sincero hacia las personas con las que tienes contacto? Y cuando hablas con ellas, ¿te preocupas realmente por el dinero que puedes conseguir en esa transacción?»

Eso fue todo. El tiempo que pasamos juntos no llegó a cinco minutos, pero Bob entendió. La mirada que se dibujó en su rostro fue una respuesta suficientemente elocuente.

Poca cosa, dirá usted, pero esto marcó el comienzo de una nueva era para Bob. Al año siguiente multiplicó sus ingresos por cuatro veces y media, consiguiendo más de 22.000 dólares anuales libres de impuestos, y llegó a ser tan querido en la industria que solía salir y entrar en los talleres sin necesidad de usar los pases que se exigen para ello. Trabajaba menos y disfrutaba mucho más. Y todo lo que hizo fue adoptar y desarrollar afecto en su personalidad, aplicando esto en sus relaciones con la gente.

Dése cuenta de que no estoy hablando de tener afecto por una personalidad corrompida, sino más bien por la persona humana que se esconde tras el cascarón. Tampoco me refiero a hablar «de boquilla». Debe tratarse de un sentimiento genuino, que vibre automáticamente en usted y se comunique a su medio.

Todos los negocios son negocios *de personas*. Debe tratar primero con el corazón, luego con la razón. La razón se resiste; el corazón no. Ignore las emociones y los sentimientos humanos y las posibilidades de que venda sus mercancías o servicios serán nulas. Si primero se vende a sí mismo, sus posibilidades de negociar serán mayores. Y el primer momento, su primer encuentro, es muy importante. Recuerde que no tendrá una segunda oportunidad para la primera impresión.

CUARENTA Y OCHO TONELADAS DE ASPIRINAS

En nuestro mundo de prisas y fuerte competencia se dice que una de cada trece personas será paciente de un hospital mental, una de cada diez sufrirá una depresión nerviosa, una de cada ocho tendrá un problema mental grave, y casi cada individuo está obsesionado por los nervios y la tensión. Nueve de cada diez están mentalmente desequilibrados, y sólo en Estados Unidos se consumen cuarenta y ocho toneladas de aspirinas al día. El afecto de nuestros semejantes es a menudodespreciado; sin embargo, es lo que el mundo necesita desesperadamente y pide a gritos. Cuando usted, como individuo, desarrolle la capacidad de amar, será generosamente recompensado. Recuerde que cualquier amigo que tenga fue en algún momento un extraño, y no existe ninguna fuerza más poderosa que su genuina sensación de calor que le convirtió en un amigo. En los negocios, usted y yo sabemos que cuando se tienen suficientes amigos el negocio se cuida de sí mismo. Sin amor todo está muerto.

DECISIONES, DECISIONES

El pensamiento positivo es, desde luego, otro «secreto» vital. Quien no tenga una actitud mental positiva se pierde la mayor parte de las cosas mejores de la vida. Quienes posean o adquieran esta forma de pensar serán realmente prósperos. La capacidad de que su mente se organice es también importante, ya que sin ella usted no puede progresar. Esto no significa organizar su mente, cambiarla después y volver a organizarla de nuevo: como el fumador de cigarrillos, que presume de que dejar de fumar es la cosa más fácil del mundo (lo ha hecho cientos de veces). Ningún hom-que consiga triunfar actúa de esta manera: examina los hechos, organiza su mente y toma su decisión. Muy raramente cambiará su mente. En la tabla encontrará muchos rasgos muy importantes, pero recuerde que el más importante es el afecto por las personas que nos rodean.

COMIENCE AHORA MISMO

Estas son algunas de las razones por las que debe desarrollar las facetas deseables, pero latentes, de su carácter. «No *diga* las cosas. Lo que usted *es* prevalece sobre sus palabras, y es tan palpable que su estruendo no me deja oír lo que le dice contradiciendo los hechos», advierte Ralph Waldo Emerson. Antes de comenzar a hacer inventario mental, recuerde que casi todos los hombres y mujeres que tienen una personalidad dinámica la han desarrollado un poco en cierto momento descubriendo y superando imperfecciones de su carácter; resulta razonable para usted que, si tiene mal aliento, hablando figurativamente, tendrá que darse cuenta del problema antes de comenzar a pensar en una solución. «El hombre completamente sabio es el que se conoce a sí mismo», dice Cicerón. Comience ahora mismo a conocerse a sí mismo. Contrólese; sea su mejor crítico y actúe para efectuar cambios y conseguir progresos.

UN ESTUDIO DE QUINCE AÑOS

Es cuestión de simple aritmética que, en cualquier cosa que se proponga, cuanto más tiempo y esfuerzo dedique a la mejora de su personalidad, mayor será su recompensa.

Durante quince años, se ha hecho un estudio con dos grupos de igual número de individuos: los del primero eran seleccionados por sus logros académicos elevados, y los del segundo por sus rasgos de personalidad que los convertía en ganadores natos.

En el análisis final, en cuanto a sus ingresos, los que se encontraban en el primer grupo iban por detrás del grupo de personalidad deseable en un 60 por 100. En otras palabras, una personalidad adecuada hará que usted consiga unos ingresos, como media, de 16.000 dólares en lugar de 10.000, y disfrutará más en el proceso de ganarlos.

NO LO ENFOQUE COMO UN PERDEDOR

¿Se ha tomado ya tiempo para analizarse a sí mismo?: si no lo ha hecho, no aplace la decisión más tiempo; vuelva a la tabla y descubra una imagen más detallada de su personalidad. No tome el camino fácil: «Bueno, al fin y al cabo soy lo que soy y puedes tomarme o dejarme.» Esta es una actitud negativa y constituye el enfoque del perdedor: créame, al final le dejarán.

BENJAMIN FRANKLIN

Uno de los hombres más grandes y prácticos de la historia de la humanidad fue Benjamin Franklin: de ser un oscuro impresor pasó a convertirse en un hombre de estado excepcional y un gigante entre los hombres. Franklin buscaba constantemente conocimientos, y en la búsqueda se dio cuenta de cómo influir en su mente y, por consiguiente, de cómo cambiar, en cierto período de tiempo, sus rasgos de personalidad.

Teniendo en cuenta que un imán tiene dos polos, se puede decir que todo individuo tiene una personalidad magnética. Algunas personalidades atraen; otras repelen. Tristemente, la mayoría de la gente se halla entre los dos polos, dejando a los demás apáticos e indiferentes. Reconociendo que la única cosa permanente es el cambio, nos daremos cuenta de que los rasgos de nuestra personalidad también cambian: algunos se hacen más fuertes; otros desaparecen y son sustituidos; algunos se hallan más enraizados que otros, pero en todo momento, en mayor o menor medida, están teniendo lugar cambios, con o sin su consciencia. Un breve encuentro con un viejo amigo al que no haya visto desde hace dos años le dejaría la impresión de «el mismo Joe de siempre»; pero un contacto más prolongado pondría de manifiesto que Joe no es exactamente el mismo. Ha experimentado cambios —algunos sutiles, otros no—. Puede incluso que no le importen sus nuevas características. ¿Cuántas veces ha tenido esta experiencia?

Los científicos modernos no trabajan con teorías, sino con hechos; y cualquier ser humano puede, con constancia, cambiar de manera efectiva el carácter de sus rasgos de personalidad.

CADA COSA A SU TIEMPO

Lo primero que Benjamin Franklin hizo con su conocimiento fue analizar aquellos rasgos de su personalidad contra los que tenía que estar en guardia. Después comenzó a poner en práctica lo que había aprendido. Se dio cuenta del simple hecho de que su mente respondería automáticamente a cualquier cosa a la que estuviera expuesta.

Razonaba también que debería concentrarse y trabajar sólo en un rasgo de su personalidad en cada momento, pues resultaba más efectivo que hacerlo sobre tres o cuatro simultáneamente; que debía estar en guardia con respecto a todos ellos, pero no obstante concentrarse en uno solo; que la mejor manera de eliminar un rasgo negativo consiste en sustituirlo por otro deseable.

TRECE RECORDATORIOS

En su hora de introspección, tenía la humildad de darse cuenta y aceptar trece características no deseables. Tomó entoces la contrapartida de estos rasgos y los imprimió en trece tarjetas separadas con la intención de llevar siempre una encima durante toda una semana, la cual le recordaba automáticamente lo que tenía escrito; de esta forma pudo, con poco o nulo esfuerzo, prestar atención a un aspecto de su carácter en cada momento. Siguió religiosamente este programa de trece semanas, el cual surtió efecto cuatro veces al año. Este enfoque simple a la mejora de sí mismo hizo de Franklin el hombre que hoy admiramos.

Quizá esté inclinado a no hacer caso al método de Benjamin

Franklin, diciendo: «Bueno, de eso hace mucho tiempo.» En eso estamos de acuerdo; pero, básicamente, la mente del hombre no ha cambiado, y miles de personas después de Franklin, y antes que usted, han conseguido aprovecharse de esta técnica tremendamente eficaz para volver a programar la mente.

FRANK BETTGER

Uno de estos hombres es Frank Bettger, el autor de *Cómo pasé del fracaso al éxito en la venta,* quien da un crédito total al sistema de Benjamin Franklin. Y Franklin, a su vez, tomó la idea de Platón, que, en la medida de lo que sabemos, originó esta práctica. Literalmente, Bettger se elevó del más absoluto fracaso hasta convertirse en uno de los grandes vendedores de más éxito de todos los tiempos. El libro de Bettger debería formar parte de su biblioteca, al igual que la *Autobiografía de Benjamin Franklin.* Si Frank Bettger no llega a haber actuado intuitivamente mediante el método de Franklin, lo más probable es que nunca hubiera alcanzado su actual posición de millonario y líder de hombres.

OBTENGA CONOCIMIENTOS DE PRIMERA MANO

La cuestión es: ¿acepta o rechaza? Aceptando y actuando podrá, desde un conocimiento de primera mano, expresarse con fuerza y claridad sobre «cómo convertirse en un campeón en la vida». El camino más largo hacia el triunfo es el de la prueba y el error; el más corto consiste en aprender de los errores de los demás y en aprovechar lo que ellos han demostrado que funciona.

LOS DOCE «RECORDATORIOS DEL EXITO»

El último capítulo de este libro es un resumen condensado. Se divide en doce «recordatorios del éxito»: pensamientos constructivos muy útiles para formar características de personalidad positivas en su subconsciente. Constan de aproximadamente una página cada uno; y puede perfectamente seleccionar uno y permanecer una semana con el mismo; o también hacerse sus propias tarjetas si lo desea, con lo que habrá dado el primer paso para comprometerse a crear y construir una nueva vida.

NO TIENE NADA QUE PERDER

Y aunque no estuviera convencido de todo esto, ¿qué tiene que perder?: sólo las malas hierbas y los parásitos de su mente. Y estará en situación de conseguir un éxito ilimitado. La mayoría de la gente fracasa en cosas que no están a su altura. No sea uno de ellos, y, por favor, no intente ser una autoridad en algo que nunca ha comprobado o experimentado. Inténtelo; pero no a medias, sino comprometiéndose por entero, y descubrirá que éste es el mejor consejo que ha recibido en su vida.

10

RESUMEN Y RECORDATORIOS DEL EXITO

EL CAMBIO DE LOS PENSAMIENTOS CAMBIA LOS RESULTADOS

La idea de los «Recordatorios del Exito» no es nueva: durante miles de años, esta aplicación práctica de la ciencia de la filosofía de la autoimagen ha probado ser la técnica más efectiva para añadir grandeza al hombre. Ya sabemos que hombres como Platón, Benjamin Franklin, Frank Bettger, y miles más, pasados y actuales, atribuyen su éxito a tan sencillo método.

Los principios que regulan el éxito no cambian nunca; por consiguiente, si deseamos elevar el nivel del nuestro, de nosotros depende cambiarlo, volver a programar nuestro sistema de hábitos mentales diarios por el uso regular, constructivo y nuevo de pensamientos que forjen el triunfo, y a este respecto los «Recordatorios del Exito» no tienen parangón: hacen que estemos recordando constantemente y que seamos conscientes de pensamientos del tipo «puedo hacerlo», fuertes y positivos, y son de un valor incalculable para ayudarnos a apuntalar nuestra mente hasta que nuevamente esté canalizada.

No es necesario mucho esfuerzo. Lleve simplemente consigo la tarjeta N.° 1 durante una semana y, en diversos momentos del día, léala: particularmente al levantarse por la mañana, al acostarse, y en cualquier momento del día en que sienta que el medio negativo que le rodea precia que se manifieste en su mejor forma. Si recuerda especialmente algún pensamiento o frase, subráyela en rojo para que su vista se dirija inmediatamente a ella. Al final de la segunda semana, la N.° 3, y así hasta llevar consigo las doce tarjetas. Una vez terminadas las doce semanas, comience de nuevo con la tarjeta N.° 1.

Eso es todo: y el poco tiempo que lleva leer y recordar lo escrito demostrarán ser una fórmula mágica: y puede estar seguro que, automáticamente, seguirá una tendencia ascendente tanto en los negocios como en otros aspectos de la vida.

1. SU ACTITUD SE CONVIERTE EN SU ALTURA

Su mente es el lugar donde comienza todo progreso... y donde termina. El grado de éxito que alcance está determinado no por el negocio en que esté inmerso, sino por la actitud con que se comporte ante ese negocio. La verdad simple es ésta: una actitud mental positiva o una actitud mental negativa son las precursoras, respectivamente, del éxito y de la felicidad, o del fracaso y la frustración. *Su potencial está establecido por su actitud mental.*

Si una computadora pudiera registrar sus diversos pensamientos y actitudes respecto a diferentes situaciones a lo largo del día, y al finalizar éste los repitiera, se daría perfecta cuenta de por qué se encuentra actualmente en el punto actual del éxito o del fracaso. Sea consciente o no de ello, sus pensamientos y actitudes se materializan en relación directa a su intensidad hasta convertirse en el nivel de existencia que tiene actualmente. Esta es una gran verdad, que procede de la ley de causa-efecto. Renueve el carácter de sus pensamientos y aumentará sus triunfos.

El éxito no es sino un subproducto de una actitud mental positiva. Igual que el fuego necesita del oxígeno para su existencia, así depende el éxito de una actitud positiva que sea duradera. Del 80 al 90 por 100 de nuestras buenas o malas experiencias y la suerte actual en la vida pueden explicar su actitud dominante. Una actitud mental positiva debe ser algo diario y continuo. Usted tiene una voluntad libre; la elección es suya. *Sea consciente de que si las cosas no van bien exteriormente es debido a que algo no va bien interiormente.*

RECUERDE que no es posible eliminar ningún obstáculo ni

superar un problema con una actitud mental negativa. No se quede paralizado por algo que le sucedió ayer —o hace una hora—. Es su rendimiento actual lo que cuenta, y el resultado vendrá determinado por el lugar que ocupe su mente. SU PENSAMIENTO ES LA CLAVE DEL EXITO. *No hay nada que no sea capaz de hacer si pone en movimiento su mente.*

DETERMINE PENSAR POSITIVAMENTE Y SER POSITIVO. No maldiga la oscuridad, encienda una vela. Su actitud se convierte en su altura.

2. TRACESE UNA META

Nunca conseguirá el éxito hasta que defina lo que éste significa para su personalidad. *Si no apunta a nada, eso es exactamente lo que conseguirá:* nada. El 98 por 100 de la gente fracasa porque no se ha trazado una meta. Su objetivo puede ser a corto o a largo plazo, esto es, semanal, mensual o, incluso si es lo suficientemente afortunado como para conocerlo, un objetivo global para toda la vida. Uno mayor se consigue, cumpliendo objetivos más pequeños. Lo importante es trazarse uno. Si no sabe hacia dónde se dirige, cualquier camino le llevará.

Sin un objetivo, usted simplemente existe; no está realmente viviendo. Va sin dirección, a la deriva, y una persona a la deriva pierde siempre. Trácese su meta, sea grande o pequeña, apunte hacia ella y establezca un plazo, ya que buena parte de su progreso futuro, de su éxito y de su felicidad dependen de esta decisión.

No es suficiente encomendar su objetivo a la memoria: ésta no siempre se lo recordará, pues a menudo se ve sujeta a restricciones que son consecuencia de las presiones de problemas y situaciones concretas por las que pierde la perspectiva global y la norma de pensamiento, y queda anclada en lo inmediato. Debe recordarse a sí mismo la necesidad de permanecer en el camino. Redacte su meta de manera corta y precisa (puede utilizar, si lo desea, la fórmula adjunta). Llévela siempre consigo, pues de esa forma lo recordará automáticamente y tendrá el objetivo en su mente en todo momento.

RECUERDE que debe trazar una meta agradable para usted. No se estrangule con un objetivo excesivamente ambicioso, pero que tampoco sea demasiado reducido. No se preocupe de cómo llegará a la meta: sólo conseguiría bloquearse. No piense en lo que no se puede hacer; concéntrese más bien en lo que puede hacerse y conseguirá el objetivo global poco a poco, paso a paso. No hacer nada porque se sepa poco es el mayor error. Empiece ahora. Tenga presente que un ganador nunca ceja en su empeño, y que una persona que abandona nunca gana; pero aún peor que una persona que abandona es el hombre que nunca empieza.

DETERMINE comprometerse y no dejar un día sin pensamientos definidos y actividades encaminadas a conseguir su objetivo. Poco a poco se consiguen las cosas.

Fecha: 25-07-93

MI META

Deseo antes del 30 (Día) 06 (Mes) 94 (Año) hacer Distribución directo (Descripción del objetivo)

Para cumplir la meta hare todos los días un avance y seré consciente de que el día no será completo sin esta acción.

EL MOTIVO QUE ESTA TRAS MI META

Deseo obtener mi meta porque: Quiero una mejor calidad de vida para mi hijo, y cambiar mi futuro. (Motivos y razones)

En la búsqueda de mi meta, pondré en funcionamiento mi plan y me concentraré en un paso en cada momento. Me esforzaré, puesto que sé que para recibir hace falta dar primero.

¡Nada es imposible para una mente voluntariosa!

PUEDO HACERLO

Firmado

3. PLANIFICACION PARA CONSEGUIR BENEFICIOS

Es de la mayor importancia que sepa en todo momento exactamente hacia dónde se dirige, pues sin una visión clara del objetivo global será difícil, si no imposible, triunfar. Si falta un plan diario, las posibilidades son 90 contra 1 de que no tenga una imagen clara de cómo actuar.

Un pequeño làpiz es mejor que una gran memoria. Incluso la mejor memoria puede fallarle. *Su programa escrito para el día nunca le fallará.* Caminará hacia el éxito paso a paso planificando todos los días. Esta tabla diaria de actividades puede hacerse en un libro especial o en una simple hoja de papel. Lo importante es utilizar todo lo que le vaya a servir en sus propósitos y seguir esta frase: «*Planifique su trabajo y trabaje su planificación.*» ¡No espere un día de beneficios; planifique un día de beneficios!

El tiempo pasa y usted no puede controlarlo; pero lo que puede controlar es la organización de su tiempo. No hay secreto para la planificación. Todo lo que tiene que hacer es dedicar de cinco a diez minutos al día a apuntar todas las tareas y objetivos. Numérelos después según su importancia. *Pruébelo y se dará cuenta de que para ahorrar tiempo y hacer dinero es el mejor consejo que jamás haya recibido.*

RECUERDE que la memoria no puede registrarlo todo. La gente raramente fracasa en sus profesiones porque les falte capacidad; fracasa por su falta de organización o por una planificación insuficiente o inexistente. *Un sistema de planificación diaria es el mejor socio del hombre para conseguir beneficios.*

DETERMINE guiar sus actividades diarias redactándolas y siguiendo su plan.

4. PIENSE, ACTUE Y HAGA LAS COSAS CON AMPLITUD DE MIRAS

La confianza en sí mismo está estrechamente ligada a la fe en sí mismo y en su propia capacidad. Confianza en sí mismo o fe, como quiera llamarla, no permiten que nadie o nada le convenzan de que usted no puede hacer lo que, 99 veces de cada 100, es capaz de hacer realmente, y los hermanos Wright constituyen un ejemplo excelente de esta fe. El mundo se negaba a creer que podían fabricar una máquina capaz de volar, pero no se dejaron amilanar por las opiniones adversas. Tenían fe en sí mismos y estaban convencidos de lo que hacían. Usted tiene igualmente confianza en sí mismo; la única diferencia es que puede que no la este utilizando. *La confianza en sí mismo es una acción que hay que dejar salir. La confianza en sí mismo que no esté respaldada por la acción está muerta.*

No sea una persona «condicional». No diga:«Si tuviera este aspecto, educación, suerte...» «Si la causa de...». Un día se descubrirá a sí mismo gritando las palabras más tristes de la tierra: «Si por lo menos...» «Si» significa «no tengo fe ni confianza». Es lo mismo que decir: «¿Para qué?» La confianza es una expresión de su propia opinión, y sólo se puede limitar a sí mismo a través de la limitación de sus pensamientos. La falta de confianza en sí mismo es un hábito formado por la malnutrición mental.

Usted nació con fe, pues ésta es inherente a la persona. No la reprima. Cultívela. Crea en ella y crecerá sin dudas, se enraizará y penetrará en todo su ser. A partir de ese momento, la confianza en sí mismo será una característica propia. *Dude, si ha de hacerlo, de quien le parezca, pero NUNCA de sí mismo.*

RECUERDE que la mente no puede pensar en dos cosas al mismo tiempo. La gran diferencia y la gran cuestión es: ¿pensará con confianza o con desconfianza? Levante los ojos: piense, actúe y haga las cosas con amplitud de miras. Sólo entoces será consciente de su propia capacidad y podrá experimentar las cosas mejores de la vida.

DETERMINE no permitir que el «NO PUEDO» se adueñe de usted.

5. EL MIEDO ANIQUILA EL EXITO

Antes de aceptar a nada o a nadie debe aceptarse a sí mismo; líbrese de miedos, dudas y preocupaciones, porque si no lo hace estará derrotado antes de empezar. *Usted es un producto de sus propios pensamientos.* Ocupar la propia mente de preocupaciones y ansiedades es la actividad más costosa y menos productiva del hombre: engendra inseguridad y cuesta mucho en términos de pérdida de afecto y felicidad. Le roba la paz de espíritu, la amistad y la libertad económica.

Cuando alberga temores, dudas o preocupaciones, su mente es un agente de lo negativo; usted se convierte en su peor enemigo, y es capaz de existir a un nivel muy por debajo de su capacidad. Se convierte en un pobre en lugar de un príncipe.

Temores, preocupaciones, ansiedades —y no olvide la autocompasión son el obsequio de una mente indisciplinada —aquella que permite la concentración en problemas en lugar de atraer la atención hacia la solución de esos problemas—. Debe darse cuenta de que la preocupación es completamente inútil *y un pobre sustituto de un pensamiento claro.* La felicidad, como el éxito, no es un destino, sino más bien una forma de viajar. Y la vida consiste en vivir, no en soportarla. Por eso, nunca lo olvide y siempre...

RECUERDE que los temores y preocupaciones lo matan todo; le alejan de hacer lo mejor; le provocan úlceras mentales y físicas, allí donde una actitud positiva hubiera conseguido hacer el trabajo: le transforman en un 90 por 100 de peso muerto y son los moldes de su suicidio lento. La preocupación no existe desde el nacimiento. *La preocupación es un hábito adquirido; usted hace que comience, y puede también detenerla.* No es un billete de ida sólo. Con un poco de determinación puede empezar a resolver en lugar de complicar las cosas.

DETERMINE coronarse como rey a sí mismo, convertirse en el gobernante de su mente y conquistar sus pensamientos de temor, preocupación, ansiedad y autocompasión. Vivir como un príncipe, no como un pobre.

6. SEA GENEROSO

Hay un precio para todo. ¿Está usted habituado a dar el todo por el todo, o aún es usted una de esas personas que esperan obtener sin dar primero? En este último caso, la ley de la compensación le asegura que acabará sin nada. Desear no es suficiente; si fuera así, todos estaríamos gritando por el éxito. *Debe haber primero una acción para que pueda tener lugar la reacción.* Permanezca quieto viendo cómo gira el mundo: seguro que seguirá girando. Lo único que puede conseguir al no hacer nada es el fracaso.

La ley de las compensaciones funciona sin tener en cuenta si usted es atractivo o no, y le garantiza un cien por cien de tratamiento justo, *pero le pide que pague por adelantado.* La única forma de recibir más de lo que está pagando es comenzar a dar más de su tiempo, esfuerzo y conocimiento. Si usted demuestra sinceridad y constancia, las escalas de justicia pronto cambiarán. Edison dijo en una ocasión: «Nunca se me ha pagado lo que valgo.» Era muy consciente de la regla principal para aumentar lo recibido, y lo que quería decir es que siempre se anticipaba a dar, haciendo más de lo que recibía, con la seguridad de que pronto la justicia le recompensaría.

RECUERDE que los que *hacen* más, ganan más. *Las personas más insatisfechas sólo obtienen, a la postre, lo que les corresponde.* La palabra «sacrificio» significa simplemente dejar algo para obtener otra cosa mejor.

DETERMINE en todo lo que haga, DAR EL TODO POR EL TODO.

7. ENTUSIASMO, SU ACTIVO MAS IMPORTANTE

Entusiasmo y actitud mental positiva se hallan estrechamente relacionados: el entusiasmo es una actitud mental positiva en acción; es un gozo maravilloso de la mente, la única forma segura de transformar al «recoge pedidos» en un vendedor. Viene de dentro y la hace brillar. Atrae suministros frescos de energía y es el más fuerte revulsivo de todo cuanto sea negativo. Emerson dijo en una ocasión: «Nunca fue conseguido nada que fuera grande sin entusiasmo.» Su entusiasmo unido con el de otras personas se llama éxito. *Con entusiasmo puede influir sobre otros y estimularles hasta su nivel más alto de pensamiento; sin él se verá fácilmente influenciado por lo negativo, y recibirá un «no» al no inspirar nunca un «sí»,* de la misma forma que una vela apagada no podrá nunca encender a otras velas apagadas.

Como el entusiasmo engendra entusiasmo en los demás, así puede usted implantar el entusiasmo en sí mismo. Inspírese; haga de esto un punto definido. Con el conocimiento actual de la medicina psicosomática (basada en la estrecha relación que existe entre el estado mental interior y la expresión externa), podemos apreciar más fácilmente la antigua verdad: «Actúa de manera entusiasta y serás un entusiasta.»

RECUERDE que el éxito llega cuando se prepara el camino y se presenta la oportunidad. Las oportunidades, sin embargo, no se encuentran en situación o circunstancias, sino en el *entusiasmo que USTED aplique a tales situaciones y circunstancias.*

DETERMINE decidirse a comenzar todos los días con una disposición mental engranada al éxito, plantando primero las semillas del ENTUSIASMO.

8. EL MEDIO AMBIENTE: SU MAYOR INFLUENCIA

«Dime con quién andas y te diré quién eres» es una verdad hoy como hace mil años, y seguirá siendo igualmente cierta dentro de mil años. Esté alerta con su medio ambiente: podría «robarle» la cartera y todas las cosas más dignas y valiosas de la vida.

Usted, como cualquier otra persona, es una estación receptora y emisora de radio, constantemente emitiendo y recibiendo ondas. Estas vibraciones, como proyectiles, invisibles pero muy reales, imperceptibles para usted, llegan a convertirse en su estado mental, y este estado mental, a su vez, presagia su éxito o su fracaso.

Su medio ambiente es lo que tiene mayor influencia sobre usted y se convierte, pasado un período de tiempo, en algo más poderoso que su fuerza de voluntad. Debido a la tendencia a ajustarse a su entorno, es más contagioso que la sífilis.

Tenga muy en cuenta que el 98 por 100 de su entorno es negativo. De esta forma, la mente se convierte demasiado frecuentemente en agentes de lo negativo. Debido al bombardeo continuo de las vibraciones mentales de otras personas, la mayoría de las cuales son negativas, resulta «sencillo» contagiarse con estructuras mentales derrotadas, dañinas, negativas. Por esta razón, esté en guardia; *es necesario hacer un esfuerzo continuo para permanecer positivo.*

RECUERDE que antes de unirse a la multitud debe advertir la dirección a tomar. Un cambio de personas que forman su compañía puede ocasionarle una gran diferencia. El nivel de éxito-consciencia, confianza en sí mismo y actitud de las compañías que tenga se convierte fácil e indirectamente en la mayor influencia para conseguir el éxito y viceversa.

DETERMINE evitar todas las influencias negativas y dañinas y cultivar sólo compañías estimulantes. *Más que la CANTIDAD,* lo que cuenta es la CALIDAD.

9. LOS MONTAÑEROS SE AYUDAN UNOS A OTROS

Ningún hombre es una isla apartada. Es necesario un armonioso y cooperativo espíritu de mente, y sin éste no podrá existir la substancia de la prosperidad en la atmósfera. Incluso su bienestar global depende de su habilidad para cooperar. Es fácil razonar que dos o más hombros apoyados contra un muro son mucho más eficaces que uno solo, y harán que se desplome con mayor rapidez. *La cooperación significa unidad, y la unidad proporciona poder*

La cooperación consiste en olvidar el YO y convertirlo en «NOSOTROS». Como en cualquier otra cosa, debe brindarse primero la cooperación para recibirla después. Esta buena voluntad que se manifiesta con dar primero tiene tremendo valor, ya que mediante ella no sólo se inspira cooperación, sino que engendra, además, armonía en usted y en los demás; y la armonía engendra éxito: su EXITO.

La cooperación es un reflejo directo de su actitud; sin ella, su capacidad para pensamientos e ideas positivas sufrirá una disminución y no tenderá a multiplicarse.

El poder pensante de dos o más personas que estén en armonía es por lo menos ocho veces superior al del individuo. En otras palabras, la cooperación y el trabajo en equipo llena las lagunas de su propio pensamiento, además de descubrirse ideas que, de otra forma, hubieran quedado ocultas.

Tal vez el mayor motivo de cooperación sea el de que «una casa dividida en dos se cae». Esto es algo que todo el mundo sabe, pero con demasiada frecuencia no lo aplicamos a nosotros mismos. Benjamin Franklin lo interpretó de este modo: «Si no nos colgamos juntos, nos colgarán por separado.»

RECUERDE que cuando usted coopera voluntariamente, trabaja de buena gana; y cuando trabaja de buena gana, logra y conquista cosas. Recuerde que cuando ayude a alguien a subir a una colina, usted mismo se encontrará más cerca de la cima.

DETERMINE conseguir *armonía* a todo trance; mostrará cooperación y tirará con el equipo, acortando drásticamente la carretera ante usted.

10. NO APLACE LAS DECISIONES. ¡HAGALO AHORA!

El pasado, pasado está, y no puede hacer nada por cambiarlo, pero su futuro está para ser vivido, *y puede hacer muchas cosas a este respecto*. Esto, desde luego, si no es usted uno de los que aplazan las decisiones. «No malgaste el tiempo —nos recuerda Bejamin Franklin—, porque ésa es la mercancía de que está hecha la vida.» Aplazar las decisiones es la mayor pérdida de tiempo que puede existir: mata todo viso de acción y, con ella, la confianza en sí mismo; crea preocupaciones y problemas y cristaliza en obstáculos mayores; debilita también su fuerza de voluntad y autodisciplina. El éxito nunca llama a la puerta de las casas donde se aplazan las decisiones.

La diferencia entre las personas que triunfan y las que no es que *las primeras hacen lo que debe hacerse, a pesar de que no siempre les guste hacerlo*. Recuerdan en todo momento: *«No aplaces las decisiones: hazlo ahora.»*

No actúe como si tuviera mil años para vivir. No deje para después lo que hay que hacer ahora. El camino hacia el fracaso y la miseria está pavimentado con buenas intenciones. Aplazar las decisiones provoca la muerte de su progreso y la pérdida de una vida de éxitos y llena de sentido. Hace algún tiempo me describieron la rapidez del progreso y la de la prosperidad, o la falta de la misma, de esta forma: «Hay dos caminos para subir a lo alto de un roble: escalar el árbol o sentarse encima de una bellota».

RECUERDE que desear algo no le hará conseguirlo; es necesario actuar. Su actuación de hoy se convertirá en el destino de mañana. No es hablar lo que cuenta, sino caminar.

DETERMINE no contentarse con esperar un mañana más brillante: *hacer algo para conseguirlo, y ahora.*

11. LAS ADVERSIDADES

Las adversidades y los obstáculos son acontecimientos contínuos y constituyen su prueba personal diaria: *si no acaba con ellos, ellos acabarán con usted*. En primer lugar, tenga presente que *sólo las personas pequeñas se molestan por cosas pequeñas. Sea consciente de que los problemas son oportunidades sin resolver*. En dependencia directa con la actitud mental, se relaciona con ellas, convirtiéndose, según los casos, en tropiezos o en peldaños. Lo que le pase a usted no tiene la mayor importancia; lo importante es su reacción. Así mismo, no olvide que *toda adversidad y problema tiene una solución, y un problema resuelto deja de ser un problema para siempre.*

A usted se le juzga y mide, recibiendo las justas recompensas de acuerdo con su capacidad para enfrentarse a un reto. Para saborear la victoria del mañana, debe primero conquistar lo que se refiere al presente. *Tiene que controlar y dominar sus circunstancias actuales y no dejar que sean ellas las que le dominen.*

Al mismo tiempo, tenga presente que a ninguna persona se le presentan más problemas y obstáculos de los que su capacidad y fuerza es capaz de superar.

RECUERDE que superar un problema le proporcionará fuerza y energías nuevas. Recibir una paliza no significa estar derrotado, pero rendirse sí. Su progreso depende de que sea capaz de superar los problemas de hoy. Adversidades, obstáculos y problemas son oportunidades para *crecer*. Se convierten en peldaños para subir. Los problemas y el progreso van siempre unidos.

DETERMINE NO ACEPTAR NUNCA UNA DERROTA. La derrota es un estado mental y se convierte en una realidad sólo si usted la acepta como tal.

12. LAS EMOCIONES INCONTROLADAS, SUS PEORES ENEMIGOS

La mayoría de la gente se halla gobernada por las emociones. Las emociones que no están sujetas por la segura guía de la fuerza de voluntad son los mayores enemigos del hombre. La mayor parte de las vidas insatisfechas, inseguras e infructuosas provienen, en gran medida, de una falta de autodisciplina. Para explicarlo más exactamente, sus emociones sin control tienen libre juego y conducen, en último extremo, a su autodestrucción. Esta vida nuestra es algo así como «hágalo usted mismo». La cuestión primordial es: «¿Permite usted que la autocompasión, el miedo, la ansiedad y la cólera, el mal humor, la preocupación y demás actitudes negativas hagan de usted su esclavo y destruyan su vida, o más bien controla sus emociones, escogiendo solo imágenes mentales constructivas? *Las emociones incontroladas sólo tienen cabida en mentes a la deriva,* y nunca ha existido ni existirá una vida valiosa sin autocontrol. *Al igual que la ruina de una casa, la destrucción de su éxito, felicidad y prosperidad es asunto interno.*

Un pensamiento es el comienzo de una acción; todas las acciones nacen en el pensamiento. El punto de partida para el éxito y la felicidad es la capacidad para ejercer control sobre los pensamientos. El sentido común nos indica que *un enfoque emocional a situaciones y problemas, sin utilizar el razonamiento, da lugar a lo que menos deseamos.*

RECUERDE que sus logros y su paz mental se hallan en relación directa con sus sentimientos y sus pensamientos dominantes. La autodisciplina significa tomar posesión de su propia mente. *Un modo muy pobre de razonar es perder la cabeza cuando más se necesita.*

DETERMINE disciplinar su mente y permanezca interiormente tranquilo bajo toda circunstancia; esto le permitirá conquistar cuanto se proponga.